Meine Entführungen durch Außerirdische
und das U.S. Militär

Leah A. Haley

Meine Entführungen durch Außerirdische

und das U.S. Militär

JOCHEN KOPP VERLAG

Original English language edition published by Greenleaf Publications.

Aus dem Amerikanischen übersetzt von Astrid Ogbeiwi.
Umschlagbildgestaltung: Andreas von Rétyi
Satz und Layout: Rose Rauch, Rosenfeld
Druck und Bindung: Druckerei Deile GmbH, Tübingen

Printed in Germany.

ISBN 3-930219-04-2

*Dieses Buch widme ich meinem Mann,
dessen Geduld, Verständnis und Überstunden
es mir ermöglichten, mich aufs Schreiben
zu konzentrieren – und den zahlreichen
anderen Entführten da draußen.*

Vorwort

Ich bin zugelassener klinischer Sozialarbeiter und habe im Laufe der letzten vierzehn Jahre für ein breites Spektrum psychiatrischer Störungen Ehe und Familienberatungen, Einzel- und Gruppentherapie sowie Hypnotherapie durchgeführt. Ich widme meine Zeit und meine Fähigkeiten freiwillig dem Gebiet der UFO-Forschung, um jenen zu helfen, die Hilfe suchen bei der Frage, ob den Erlebnissen, an die sie sich erinnern, psychiatrische Befunde als Quelle ihrer Berichte zugrundeliegen. Ich habe mit nahezu hundert Leuten gearbeitet und konnte keine psychiatrische Störung finden, die der Ursprung all dieser erstaunlich ähnlichen Erzählungen sein könnte, die von einer so stark divergierenden Gruppe gesunder Personen kommen. Die Symptome zeigen am häufigsten das klinische Bild einer Störung nach traumatischem Streß – eine Störung, die per definitionem ein äußeres traumatisierendes Ereignis verlangt, das von der Person als real wahrgenommen und nicht innerlich geschaffen wird wie bei einer mentalen Störung oder einem emotionalen Konflikt. Diese Personen können typischerweise Dinge recht gut verarbeiten, eine Fähigkeit, die durch die außergewöhnlichen Umstände und verwirrenden Ereignisse, die sie bei Begegnungen mit UFOs erleben, nur temporär gestört ist. Es ist genau die Art emotionaler Reaktion, die man klinisch bei Menschen erwartet, wenn die Erlebnisse ihrer Berichte auch wirklich real sind.

Die Erlebnisse, von denen Leah A. Haley berichtet, sind aus vielen Gründen besonders beeindruckend. Erstens: Obwohl sie keinerlei Kenntnisse von Berichten über Entführungen durch UFOs oder Zugang zu Daten darüber hatte, brachte sie unter Hypnose zahllose Details hervor, die eine starke Verbindung zu veröffentlichten wie unveröffentlichten Daten haben, und das trotz lenkender Fragen und paradoxer Suggestionen, die mit Absicht gestellt wurden, um logische Antworten zu provozieren, die den Daten aus „Entführungsszenarien" widersprechen.

Zweitens beeindrucken mich ihre emotionalen Reaktionen und die vielen Versuche, die Ereignisse zu leugnen – manchmal schuf sie ganz eigene Gedankengänge in dem verzweifelten Versuch, ihre Gefühle zu umgehen. Sie hoffte stets, ich könnte eine psychiatrische Störung finden, um ihre Erlebnisse wegzuerklären. Ironischerweise wurde meine Diagnose einer

Störung nach traumatischem Streß – und keiner Geisteskrankheit – aus zwei unabhängigen Quellen anhand psychologischer Tests bestätigt.

Drittens: Sie fürchtete sich vor Publicity und verlangte Vertraulichkeit. Sie war eine Frau, die mit erschreckenden neuen und persönlichen Fragen kämpfte. Sie hatte das Thema UFOs immer mit verhaltener Neugier betrachtet. Sie ist nun von deren Existenz überzeugt und entschlossen, diese bizarren Offenbarungen mitzuteilen, um andere darüber zu unterrichten, Zweiflern das Bewußtsein zu öffnen und denen zu helfen, die ähnliche Erfahrungen und Gefühle haben.

Viertens: Ihre sorgfältige Dokumentation und unermüdlichen Ermittlungsbemühungen zeigen eine Entschlossenheit, die Wahrheit objektiv herauszufinden; sie unternahm dabei etliche schlaue und mutige Versuche, Informationen zu verifizieren, die während hypnotischer Regressionen gewonnen worden waren. Sie war immer die erste, die an ihren eigenen Erinnerungen zweifelte und die letzte, die sie akzeptierte. Sie suchte immer nach allen möglichen Beweisen dafür.

Und zuletzt: Die Informationen, die sie uns gab, lassen stark auf ein Eingreifen und eine Überwachung durch den Staat schließen und passen damit gut zu anderen Fällen, in denen dies offensichtlich vorkam. Ich bat Experten wie Leonard Stringfield, Linda Moulton Howe und Stan Gordon um ihre Meinung und ihren Rat auf diesem Gebiet. Jeder dieser Forscher hat einen wahren Schatz belastender Daten, die staatliches Interesse, Überwachung und direktes Eingreifen bei einer großen Zahl von UFO-Fällen beschreiben. Keine dieser Quellen drückt in ihrem Bericht größere Zweifel oder ein Gefühl des Mißtrauens aus. Darüberhinaus haben weitere bewußt erlebte Ereignisse, bei denen weitere Zeugen zugegen waren, ohne große Zweifel bestätigt, daß Leute, die mit militärischen und staatlichen Behörden in Verbindung stehen, eindeutig an ihrem Handeln und ihren Überzeugungen interessiert sind.

Ich führte alle vierzehn Hypnosesitzungen mit Leah durch, dabei unterstützten mich vier kenntnisreiche UFO-Forscherinnen: Ann Bayliff, Susan Bedell, Lisa Dusenberry und Carla Vincel. Keine dieser begabten Helferinnen hatte irgendwelche Schwierigkeiten mit den Daten, die sich dabei herausstellten. Ich halte Leah für eine geistig gesunde, besorgte, ehrliche und intelligente Frau, die genau die zu erwartenden emotionalen und psychologischen Reaktionen zeigte, die jeder zeigen würde, der versucht, dieses bizarre Phänomen und seine Folgen in die tägliche Routine eines normalen Lebens einzupassen. Bitte öffnen Sie den Erlebnissen von Leah A. Haley Ihr Herz und Ihren Verstand.

John S. Carpenter

Danksagungen

John Carpenter, Ann Bayliff, Susan Bedell, Lisa Dusenberry und Carla Vincell opferten selbstlos viele Stunden ihrer Zeit für meine Hypnosesitzungen. Dank geht auch an deren Familien, die bereit waren, sie zu entbehren.

Duane Bedell und Lori Haley arbeiteten sich durch die Entwürfe des Manuskripts, gaben Kommentare und machten Vorschläge.

Budd Hopkins antwortete auf meinen ersten Hilferuf, sandte mir hilfreiche Informationen zum Lesen und verwies mich freundlicherweise an einen guten Hypnotherapeuten.

Etliche liebe Seelen waren verantwortlich für die Analyse des seltsamen Metallobjekts. Ich spreche ihnen meinen aufrichtigen Dank aus.

Don Ware gab mir die Informationen, den Rat und die Unterstützung, die ich brauchte. Er untersuchte freiwillig Ereignisse, die mit dem Zwischenfall am Strand zu tun haben könnten, und begleitete mich zusammen mit *Bob Reid* unermüdlich auf meiner Dreizehn-Meilen-Wanderung auf der Suche nach Antworten zu diesem Zwischenfall.

Linda Moulton Howe und Leonard Stringfield gehörten zu den ersten, die von meinen Problemen mit Leuten hörten, die mit militärischen und staatlichen Behörden zu tun hatten. Ihr aufrichtiges Interesse und der Glauben, den sie meiner Geschichte schenkten sowie die Beispiele, die sie gaben, gaben mir die Kraft, weiterzumachen bei meinen Ermittlungen in Sachen UFO-Phänomen.

Forest Crawford, Stan Gordon und Leonard Stringfield haben jeden Aspekt meines Falles ertragen. Ich schulde ihnen besondere Achtung für ihr unendliches Mitgefühl, ihre Unterstützung und ihr Interesse.

Kapitel 1

Ich werde nie vergessen, wie die Welt, die ich kannte, plötzlich zerbrach. Wenn ich über die Dinge nachdenke, die seitdem geschehen sind, muß ich einfach an Humpty Dumpty denken und wie er nicht wieder zusammengesetzt werden konnte. Meine Welt und mein Leben sind wie er. Sie sind so sehr zerbrochen, die Stücke werden nie wieder so zusammenpassen, wie sie vor jenem Wochenende waren.

Am Samstag, dem 7. Juli 1990, fuhren meine Töchter Laura und Kelly (beides Pseudonyme) zu einem Ferienlager der Kirche.[1] Nachdem ich sie verabschiedet hatte, fuhr ich über das Wochenende zu meinen Eltern nach Nord Alabama. Mein Mann Mike (Pseudonym), der zu der Zeit nicht in der Stadt arbeitete, wollte mich dort treffen.

Ich genoß die Fahrt sehr. Der Staatswald und die grünen, sich sanft neigenden Hügel im letzten Abschnitt der Fahrt sind schön, und ich bin immer dankbar, wenn ich dem öden Flachland von Craston, der kleinen Stadt im Süden, in der ich lebe, entfliehen kann.[2] Als ich ankam, war Mike schon da, seinen Van hatte er vor dem Lebensmittelladen geparkt, der meinen Eltern gehört. Ich wußte, daß meine Eltern um diese Tageszeit arbeiteten, und so hielt auch ich bei dem Laden an und ging hinein. Mike umarmte mich, und Mutter und Vater lächelten mir auf eine Weise zu, daß ich wußte, daß sie sich freuten, mich zu sehen.

Jener Nachmittag im Laden meiner Eltern war so ganz wie jeder andere, den ich dort verbracht hatte. Daddy, immer noch flink für sein Alter, rannte nach draußen und zapfte Benzin, sooft ein Auto zu den Zapfsäulen fuhr. Dazwischen saß er im Laden, sprach mit Mike und begrüßte die alten Stammkunden, die immer mal wieder reinschauten. Weil Daddy über kaum etwas anderes spricht als Angeln und Jagd, hatte ich das Gefühl, daß er und Mike für den nächsten Tag eine Angeltour ausbrüteten.

Mutter ließ die Kasse klingeln. Ich dachte mir, wie schön es wäre, so langsam zu arbeiten wie sie, sich nie hetzen zu lassen. Wenn Mutter keine Kunden hatte, sprachen sie und ich darüber, was wir in der letzten Zeit so getan hatten. Mutter ist eine ausgezeichnete Näherin, sie zeigte mir ihre jüngsten Kreationen und was sie als nächstes vorhatte. Ich sprach mit ihr über die Pläne, die Mike und ich hatten: Wir wollten mit dem Bau eines Hauses beginnen. Sie war genauso aufgeregt wie ich. Von Zeit zu Zeit ging ich dort hin, wo Daddy saß, und hörte mir sein Anglerlatein an.

Wir aßen zu Abend, nachdem meine Eltern den Laden geschlossen hatten, sahen dann fern und unterhielten uns. Daddy und Mike gingen zu einer vernünftigen Zeit ins Bett, aber Mutter und ich blieben noch lange auf, wir wollten unsere Zeit so voll packen wie nur möglich, weil wir uns selten sahen.

Daddy und Mike standen am Sonntagmorgen beim ersten Tagesanbruch auf und gingen angeln. Mutter und ich standen viel später auf. Wir frühstückten gemütlich am Küchentisch und Mutter las die Zeitung. Sie erwähnte, in einem Artikel stünde, die russische Regierung gebe nun offen die Existenz von UFOs zu. Dann jammerte sie, sie habe ein Buch nicht zu Ende lesen können, das sie sich von meiner Schwägerin Lori (Pseudonym) geliehen hatte, weil sie und mein Bruder Seth (Pseudonym) es wieder mitgenommen hätten, als sie das letzte Mal zu Besuch kamen.

Ich fragte: „Was für ein Buch?"

„Ein Buch über Leute aus dem Weltraum und so ein Blödsinn", antwortete sie.

Es überraschte mich nicht, daß Mutter die Möglichkeit außerirdischen Lebens für Unsinn hielt. Sie war die Art Mensch, die Schutz im Vertrauten sucht und vor jedem neuen Abenteuer zurückschreckte. Aber ich glaubte fest, daß es außerirdische Wesen gab und entschloß mich, das auch zu vertreten.

„Mutter, ich verstehe nicht, warum du denkst, daß es auf anderen Planeten kein Leben geben kann. Es gibt so viele Sterne und Planeten und vielleicht noch Tausende mehr, die wir nicht einmal kennen. Warum sollte Gott nur auf einen von ihnen Leute setzen?"

„Nun, ich glaube einfach nicht, daß er Wesen auf anderen Planeten geschaffen hat."

„Du glaubst immer noch nicht, daß Seth und ich Raumschiffe sahen, als wir Kinder waren, nicht wahr?"

„Ich glaube schon, daß ihr etwas gesehen habt, aber keine Raumschiffe. Das waren Wetterballons oder Satelliten oder so was. Seth sagte, er käme heute morgen vielleicht vorbei, um dich zu sehen. Wenn er kommt, fragen wir ihn, an was er sich erinnert."

„Aber du oder Mr. Goode (Pseudonym) habt das Wetteramt und den Flughafen angerufen, und die hatten nichts auf Radar gesehen. Es gab keinen Bericht über Wetterballons oder Satelliten oder so was. Erinnerst du dich nicht?"

„Mr. Goode war's, der anrief. Ich war zu sehr mit etwas beschäftigt, ich weiß nicht mehr mit was. Ich glaube, Lynda (Pseudonym) war zu der Zeit noch ein Baby. Wieviele Dinger habt ihr gesehen?“

„Ich glaube, es waren drei. Zwei oder drei. Ich bin mir aber recht sicher, es waren drei. Aber das ist schon so lange her. Ich weiß es nicht mehr ganz genau. Wenn ich Seth sehe, frage ich ihn, ob er sich noch daran erinnert. Ich weiß nur noch, sie waren blau und silbern, und sie waren rund. Sie blieben sehr lange an einem Fleck am Himmel. Dann rasten plötzlich alle bis auf eines weg, und eines landete im Wald. Mr. Goode nahm uns mit, es zu suchen, aber wir konnten es nicht finden.“

Wir wechselten das Thema, und ich zog mich an. Während ich mein Make-up auflegte, hörte ich, wie die Küchentür aufging und dann Seths Stimme, fröhlich wie immer.

Seth hat einen wunderbaren Humor. Er kann mich immer aufheitern, selbst wenn ich übelster Laune bin. Ich war immer ein bißchen eifersüchtig auf Seth, weil er zwar nie irgendwelche materiellen Besitztümer hatte, aber immer glücklich war und jede Menge Zeit für Spaß zu haben schien. Trotz der Eifersucht auf meiner Seite verstehen wir beide uns extrem gut. Und da ich Seth seit Weihnachten nicht mehr gesehen hatte, freute ich mich, daß er da war. Aber ich konnte es kaum erwarten, bis wir die Späße hinter uns hatten, damit ich ihn nach den Raumschiffen fragen konnte.

„Seth, erinnerst du dich noch an die Raumschiffe, die wir gesehen haben, als wir Kinder waren und in Gardendale lebten?“

„Oh ja! Wie könnte ich das je vergessen?“

„Wieviele hast du gesehen, erinnerst du dich noch?“

„Ich erinnere mich nur an eines. Es blieb lange Zeit an einem Fleck. dann segelte es nach rechts und landete hinter ein paar Bäumen am Ende des Blocks. Du sagtest, du hättest gesehen, wie zwei von ihnen plötzlich in den Himmel schossen, und dann glitt das eine, das ich sah, einfach in den Wald ab und landete. Es war silbern und vollkommen rund.“

„Ich dachte, sie waren blau und silbern.“

„Nun, ich glaube, das eine, das ich sah, war silbern, sah aber blau aus, wenn die Sonne in einem bestimmten Winkel auf es schien. Aber du erinnerst dich wahrscheinlich besser daran als ich, weil ich damals erst sieben oder acht war, und du warst ja zwei Jahre älter. Aber ich erinnere mich an die Form. Es war rund.“

„Glaubst du, das waren wirklich Raumschiffe und daß Wesen von anderen Planeten wirklich auf die Erde kommen?“ fragte ich ihn.

„Ja, ich habe viel darüber gelesen. Ich habe auch gehört, daß die Regierung alles darüber weiß und es der Öffentlichkeit einfach nicht sagt, weil sie sich vor einer Massenpanik fürchtet. Ich habe auch das eine oder andere über Leute gelesen, die Außerirdischen begegnet sind. Manche Leute haben geträumt, sie seien von Außerirdischen entführt worden, aber unter Hypnose finden sie dann heraus, daß der Traum überhaupt keiner war."

Ich dachte an den lebhaften Traum, den ich einmal hatte und in dem ich an Bord eines Raumschiffes war. „Glaubst du, diese Leute – daß sie wirklich Außerirdischen begegnet sind?" fragte ich.

„Nun, nach allem was ich gelesen und in Talkshows gesehen habe, scheint es doch recht überzeugend zu sein."

Ich fragte mich, ob ich Seth von meinem Traum erzählen sollte. Dieser Traum hatte mich schon immer verfolgt, weil er so echt schien. Wenn es wirklich nur ein Traum war, dann würde es ja nichts machen, wenn ich Seth davon erzählte. Und doch brauchte ich eine Weile, bis ich den Mut dazu gesammelt hatte.

„Nun", fing ich langsam an, „ich möchte dir von einem Traum erzählen, den ich hatte, als wir in Florenz lebten. Aber du und Mutter müßt erst versprechen, nicht zu lachen. Ich habe das noch nie jemandem erzählt, weil ich nicht wollte, daß die glauben, ich fange an zu spinnen. Versprecht ihr, nicht zu lachen, oder euch über mich lustig zu machen?"

„Ja, das verspreche ich," antwortete Seth.

„Mutter?"

Sie antwortete nicht, und so wiederholte ich meine Frage.

„Okay. Ich verspreche, ich werde nicht lachen."

„Nun, ich habe geträumt, ich war in einem runden Raum in einem Raumschiff", erzählte ich ihnen. „Ich lag auf einer flachen Plattform, wie auf einem Untersuchungstisch in der Praxis eines Arztes. Kleine Kreaturen machten etwas mit mir."

Seth zog die Augenbrauen hoch. „Wie sahen die Kreaturen aus?"

„Ich erinnere mich nicht deutlich an sie. Alles ist ziemlich vage. Ich kann die Größe von jemandem nicht gut schätzen, aber ich würde sagen, sie waren zwischen 1,20 Meter und 1,50 Meter."

„Welche Farbe hatten sie?"

„Ich kann mich nicht an eine besondere Farbe erinnern. Ich glaube, die waren neutral. Aber ich erinnere mich an ihre Augen. Die sahen überhaupt nicht wie unsere Augen aus. Die waren richtig dunkel, ohne Weiß, mandelförmig und gingen schräg nach oben."

„Wie orientalische Augen?"

„Nein, nicht so. Sie waren viel größer, und sie hatten überhaupt keine Pupillen. Die waren wirklich ganz anders."

Seth wollte wissen, wie die Steuerung in dem Raumschiff aussah. Ich sagte ihm, ich erinnere mich an überhaupt keine Steuerung. Er fragte, an was ich mich noch erinnere. „Das war's schon. Das war alles an dem Traum", antwortete ich.

„Hattest du Angst?" fragte er.

„Nein. Nicht während des Traums. Der war sehr friedlich. Ich lag einfach nur auf dem Tisch, und die Kreaturen machten was mit mir, aber ich erinnere mich nicht genau was. Aber am nächsten Morgen hatte ich Angst. Als ich aufstand, dachte ich mir: 'Letzte Nacht war ich in einem Raumschiff', und ich hatte große Angst. Aber dann fragte ich mich: 'Wie kann ein Raumschiff in unserer Gegend gewesen sein, ohne daß die Nachbarn es gesehen haben? Und wie hätten die Kreaturen ins Haus kommen sollen und mich mitnehmen, ohne daß Mike es wüßte?' Ich sah übrigens nach, und alle Fenster und Türen waren verschlossen. Ich mußte also geträumt haben."

„Du meinst also, der Traum war so echt, daß du nach den Türen und Fenstern sehen mußtest, um dich davon zu überzeugen, daß es wirklich nur ein Traum war?"

„Ja."

„Erscheint dir das nicht ziemlich seltsam?"

Ich dachte darüber nach. Ja, es erschien wohl recht seltsam. Ich schaute zu Mutter rüber. Während ich meinen Traum erklärte, wurde sie immer blasser und sah mich nun seltsam an.

„Warum schaust du mich so an?" wollte ich wissen. Sie antwortete nicht. Ich wiederholte meine Frage, und Seth antwortete für sie. „Weil das, was du beschreibst dem ganz ähnlich ist, was sie gerade in dem Buch gelesen hat, das ich ihr geliehen hatte. Leah (Pseudonym), ich denke, du solltest ein paar von den Büchern lesen. Du mußt das Buch lesen, das Mutter gerade erst gelesen hat, und du mußt die lesen, die Budd Hopkins geschrieben hat."

„Du weißt doch, daß ich keine Zeit habe, Bücher zum Vergnügen zu lesen", antwortete ich. Ich fragte Mutter, ob der Traum, den ich beschrieben hatte, dem ähnlich war, was sie neulich gelesen hatte. Sie antwortete nicht.

„Ähnelt es dem nun, Mutter?" fragte ich wieder. „Sag mir die Wahrheit."

Endlich sagte sie etwas. „Ja, es ähnelt dem. Aber es war nur ein Traum, also vergiß es."

„Nein", entgegnete ich. „Jetzt wo ihr mich neugierig gemacht habt, möchte ich auch wissen, ob es wirklich nur ein Traum war."

„Laß es, Leah", verlangte Mutter. Sie hatte einen bittenden Ton in der Stimme. Seth wollte es eindeutig nicht lassen. Er sagte mir, einige der Leute, über die er was gelesen hatte, hatten körperliche Beweise für ihre Entführung. Er fragte mich, ob ich irgendwelche ungewöhnlichen Flekken oder Narben am Körper hätte. Ich sagte ihm, ich hätte eine Narbe hinten unter dem Knie.

„Wie sieht die aus?" fragte Seth. „Wie kam die da hin? Verläuft sie längs oder quer?"

„Ich weiß nicht, wie die da hin kam. Ich habe mich immer darüber gewundert, aber sie sieht genau wie ein Rasierklingenschnitt aus. Und sie verläuft quer. Ich glaube, ich habe sie schon lange nicht mehr gesehen. Inzwischen ist sie wahrscheinlich verschwunden."

Seth bat mich, mein Hosenbein hochzuziehen, damit er sich die Narbe ansehen könne. Ich konnte das Bein meiner Jeans nicht weit genug hochziehen, daher ging ich ins Schlafzimmer und zog ein Paar Shorts an. Seth suchte dann die Narbe, konnte sie aber nicht finden. „Nun", sagte er, „wenn sie quer verläuft, bedeutet sie wahrscheinlich sowieso nichts. Du mußt wirklich diese Bücher lesen. Eines werden sie sicher bewirken. Entweder sie erschrecken dich so sehr, daß du sie nicht weiterliest, oder du schreibst an Budd Hopkins."

„Wenn du wirklich glaubst, daß das mehr als nur ein Traum gewesen sein könnte, dann möchte ich jetzt noch gar nichts darüber lesen. Ich möchte nicht, daß mich etwas durcheinander bringt. Sag mir deshalb gar nichts, was mich beeinflussen könnte, wenn ich herausfinden will, ob es wirklich nur ein Traum war oder nicht."

„Okay." Seth machte ein paar Sekunden Pause und fragte dann: „Hattest du irgendeine seltsame Krankheit um die Zeit herum, als du diesen Traum hattest?"

Ich dachte an die Zeit, als ich für ein paar Tage zur Beobachtung ins Krankenhaus mußte, weil ich Schmerzen und Brennen in meinen Nieren, meiner Blase und meiner Harnröhre verspürte. Der Doktor konnte nichts finden und sagte mir daher, mein Problem müsse vom Streß herrühren. Etliche Monate später hatte ich durch Ausprobieren herausgefunden, daß stark gewürztes Essen die Ursache war. Das alles erzählte ich Seth, und er fragte: „Bist du sicher, daß stark gewürztes Essen das Problem verursachte und nicht nur auf die eine oder andere Weise schlimmer machte? Hast du jetzt Schwierigkeiten mit stark gewürztem Essen?"

„Nein, eigentlich nicht, aber vielleicht, weil ich nicht zu viel davon auf einmal esse."

„Hattest du jemals Ärger mit Nasenbluten oder deinen Ohren?"

Ich antwortete, ich hätte vermutlich auch nicht öfter Nasenbluten als alle anderen. Dann beschrieb ich die Schmerzen, die ich oft in den Drüsen und dem Ohr auf der rechten Seite meines Kopfes verspürte. Die Schmerzen kamen nur, wenn ich entweder mehrere Stunden in meinem Büro zuhause oder in der Bibliothek zugebracht hatte. Ich war schließlich zu dem Schluß gekommen, ich mußte auf irgendetwas in Kopiergeräten allergisch reagieren, vielleicht auf die Tinte.

Seth fragte mich, wann diese Probleme angefangen hätten. Ich sagte ihm, sie fingen an, als ich in Florence, Alabama, lebte, wurden aber erst richtig schlimm, als wir nach Craston zogen und ich so oft Kopiergeräte benutzte. Seth wollte wissen, ob der Arzt gesagt hatte, ich hätte eine Allergie.

„Nein", sagte ich ihm. „Der Arzt konnte überhaupt nichts finden, er sagte, es müsse der Streß sein. Ärzte sind solche Trottel. Warum können sie nicht zugeben, daß sie nicht wissen, was das Problem ist, statt den Leuten zu erzählen, es sei nur der Streß? Ich überredete ihn, mir ein Allergiemittel zu verschreiben, auch wenn er nicht glaubte, daß das Problem mit einer Allergie zusammenhing. Warum fragst du mich das?"

„Weil die Außerirdischen an den Leuten solche Experimente vornehmen, und sie pflanzen denen etwas in die Nase oder ins Ohr; manche Leute glauben, das sind Geräte zum Aufspüren der Person."

„Jetzt ist es aber gut, Seth. Hör auf, dich über mich lustig zu machen!"

„Ich mache mich nicht über dich lustig."

„Doch, das tust du. Du führst mich mit all dem Zeug nur an der Nase herum."

„Echt, Leah, das tue ich nicht. Manches von dem, was du uns erzählt hast, ähnelt dem so sehr, was wir gelesen haben. Das Opfer in *Eindringlinge* hatte sogar eine Stelle in seinem Garten, an der kein Gras mehr wuchs.[3] Hattest du je so was in deinem Garten?"

„Ja, es gab in unserem Garten in Florence einen runden Fleck,wo das Gras braun war. Wir konnten uns nie vorstellen, was die Ursache war."

Jetzt sagte Mutter wieder etwas. „Daran erinnere ich mich. Aber ich glaube, es war in deinem Garten in Tullahoma."

„Nein, da war es nicht. Vielleicht war es aber in Tuscaloosa. Ist ja egal, irgendwo, wo ich gelebt habe, gab es einen runden Fleck, in dem das Gras abgestorben war. Aber hat das überhaupt irgendwas damit zu tun?"

„Vielleicht landete dort ein Raumschiff."

„Ach hör doch auf, Seth. Das ist ja verrückt. Dieses Gespräch ist doch absolut lächerlich. Ich habe einfach nur geträumt. Es muß einfach ein Traum gewesen sein. Es kann überhaupt nicht echt gewesen sein. Und außerdem, warum in aller Welt sollten Wesen mich mitnehmen?"

„Genau das sagten auch alle anderen Leute."

Etwa um diese Zeit kamen Daddy und Mike vom Angeln zurück, und so wechselten wir schnell das Thema. Ich flüsterte Seth und Mutter zu, sie sollten Mike gegenüber lieber keinen Ton über unser Gespräch verlieren. Er würde uns wahrscheinlich alle für verrückt halten. Aber unser Gespräch ging mir einfach nicht mehr aus dem Kopf. Am nächsten Morgen nach dem Duschen suchte ich im Schlafzimmer, wo es heller ist als in der Küche, meine Narbe. Ich fand sie, aber sie war kaum zu sehen. Sie verlief längs, nicht quer. Ich zeigte sie Seth. Dann sagte ich es meiner Mutter. Sie lief wieder weiß an. Seth sagte aber, die Narbe sähe aus wie ein Schnitt einer Rasierklinge. Er sagte, die Narben, die er auf den Bildern in seinen Büchern gesehen hatte, seien länger und breiter gewesen.

Dann gab Seth mir ein Stück Papier, auf dem er gezeichnet hatte. Gänsehaut lief mir die Arme rauf und runter. Ich schloß die Augen und versteckte mein Gesicht hinter einer Zeitschrift, die ich in der Hand hatte. Mir schien, ich hätte einen Geist gesehen. Was mein Bruder mir zeigte, war das Bild einer Kreatur, wie ich sie in dem Raumschiff gesehen hatte. Nachdem ich meine erste Angst überwunden hatte, sah ich mir das Bild näher an. „Der Kopf stimmt nicht", sagte ich „und die Augen auch nicht."

Seth bat mich, sie richtig zu malen; ich erinnerte ihn daran, daß ich nicht zeichnen kann.

„Aber du kannst es versuchen!" sagte er.

Ich malte sie, so gut ich konnte. Ich sagte meinem Bruder und meiner Mutter, ich wolle Budd Hopkins über meine Erlebnisse schreiben, damit er feststellen könne, ob sie echt waren. Wieder bat mich meine Mutter, die Idee fallen zu lassen. Wieder zuhause angekommen, beschloß ich, dem Rat meines Bruders zu folgen. Ich sagte mir wieder, mein Traum mußte einfach nur ein Traum gewesen sein. Er mußte es. Außerdem hatte ich sowieso keine Zeit für solchen Blödsinn. Ich hatte eine Vollzeitstelle und lehrte Buchhaltung. Ich besuchte eine *Graduate School,* arbeitete an meinem Magister in Rechnungswesen und hatte Pläne für mein Doktorat. Und da mein Mann die meiste Zeit nicht in der Stadt arbeitete und in Motels lebte, erzog ich im wesentlichen unsere Töchter alleine. Ich hatte kaum Zeit zum Schlafen, geschweigen denn für noch ein weiteres Projekt. Aber was immer ich auch tat, das Thema ging mir einfach nicht mehr aus dem Kopf. Ich konnte nachts nicht einschlafen. Ich fragte mich immerzu, ob sich nicht irgendwo Außerirdische versteckten und mich beobachteten. Ich saß in meiner Klasse in der Graduate School und zeichnete die Kreaturen, wenn ich eigentlich dem Unterricht hätte folgen sollen. Nach ein paar Wochen fand ich endlich den Mut, meinem Mann von dem Gespräch zwischen meiner Mutter, meinem Bruder und mir zu erzählen, als wir bei meinen Eltern waren. Ich hatte gezögert, Mike davon zu erzählen, denn ich war mir nicht sicher, wie er reagieren würde. Mike spricht nicht viel, und selbst nach zwanzig Jahren Ehe weiß ich immer noch nicht, was in ihm vorgeht. Und doch wollte ich vor ihm kein Geheimnis haben, und so erzählte ich ihm das Gespräch, das Mutter, Seth und ich am 8. Juli geführt hatten, in allen Einzelheiten, als wir einmal einen Moment alleine waren. Mein Mann hörte aufmerksam zu, ungewöhnlich aufmerksam für meinen Mann. Und er hatte einen seltsamen Gesichtsausdruck.

„Warum schaust du mich so an?" fragte ich. „Du denkst, ich spinne, nicht wahr?"

Mike erklärte, das denke er überhaupt nicht. Er sagte mir, er habe sich letzte Woche das Video *Die Besucher* geliehen und in seinem Motelzimmer angeschaut. Er sagte, mein Traum sei einigen Erlebnissen sehr ähnlich, die in dem Film beschrieben werden. Er sicherte mir zu, er würde mich unterstützen, wenn ich herausfinden wollte, ob mein Traum wirklich nur ein Traum oder ein reales Ereignis war.[4] Mit Mikes Unterstützung im Rücken rief ich Seth an und fragte ihn, wie ich Budd Hopkins erreichen könne. Seth fand die Adresse in einem seiner Bücher und las sie mir vor. Dann sagte er mir, mein verbessertes Bild der Kreatur sehe denen in Mr. Hopkins Buch ähnlicher als das, was er ursprünglich gezeichnet hatte. Aber Seth sagte wieder, ich hätte nicht die richtige Art Narbe. Am 20. August 1990 schrieb ich meinen ersten Brief an Mr. Hopkins, und dabei fragte ich mich die ganze Zeit, ob ich nun vollständig verrückt geworden sei und mein Mann mich nur ermutigte, den Brief zu schreiben, damit er einen schriftlichen Beweis hätte, den er verwenden könne, um mich aus seinem Leben zu räumen. In dem Brief beschrieb ich die Gespräche im Hause meiner Eltern und später mit meinem Mann. Wochen vergingen ohne eine Antwort. Seth sagte mir, ich solle Geduld haben, Mr. Hopkins erhalte wahrscheinlich jeden Tag Hunderte von Briefen. Aber Geduld war noch nie eine meiner Stärken. Am 19. Oktober schrieb ich einen zweiten Brief, in dem ich fragte, ob er meinen ersten Brief erhalten habe. Schließlich erhielt ich Ende November ein Informationspaket für Leute, die das Gefühl haben, sie seien von einem UFO entführt worden, und ein Nachrichtenblatt der *Intruders Foundation* (IF) von Budd Hopkins Büro. Ich las das Informationspaket sofort. Es enthielt äußerst interessante und hilfreiche Informationen, Artikel über das Pro und Contra der Erforschung möglicher UFO-Erlebnisse, über Hypnose und was sie bedeutet, über Selbsthilfegruppen und schädliche Einflüsse.[5] Es fand sich darunter auch eine Notiz, die mich an John Carpenter in Springfield, Missouri, verwies. Ich war der Meinung, Springfield, Missouri, sei viel zu weit weg, um dorthin zu reisen, nur um einen Traum über Außerirdische zu erforschen. Für solche Reisen war ich viel zu beschäftigt. Zu der Zeit war ich sogar zu beschäftigt, um das Bulletin der *Intruders Foundation* zu lesen, das Budd Hopkins mir geschickt hatte. Während des ganzen Wintersemesters steckte ich bis über beide Ohren in Arbeit, sowohl in meinem Beruf wie auch bei meinem Studium. Darüberhinaus hatten wir im September mit dem Bau unseres neuen Hauses begonnen, und da mein Mann die meiste Zeit nicht in der Stadt war, war ich diejenige, die das Ganze beaufsichtigen mußte. Viele Nächte bekam ich nur vier Stunden Schlaf oder sogar noch weniger, und so legte ich das Bulletin zur Seite, um es später zu lesen. Oder konnte es sein, daß mein voller Stundenplan nur die Ausrede war, die ich benutzte, weil ich vermeiden wollte, das Bulletin zu lesen, weil ich unbewußt Angst davor hatte?

Die erste Dezemberhälfte war hektisch wie immer und schien gerade so schnell vorüberzugehen, wie sie gekommen war. Etwas später, ich hatte mein Abschlußexamen bestanden, konnte ich mich ein paar Wochen ausruhen und mich um vernachlässigte Pflichten kümmern. Am Abend des 17. Januar 1991 las ich endlich das Bulletin der IF, das ich im November erhalten hatte.

Ein Artikel beschrieb, wie eine Frau am Ende eines Entführungserlebnisses durch Außerirdische aufwachte und sich etwa fünfzehn Zentimeter über ihrem Bett in der Höhe befand.[6] Plötzlich erinnerte ich mich an einen seltsamen Traum im Oktober. Die wichtigsten Unterschiede zwischen meinem Traum und der Geschichte, die ich über diese Frau las, waren, daß ich mich ein paar Fuß über meinem Bett befand, statt nur fünfzehn Zentimeter, und ich wurde von einem hellen Lichtstrahl in der Schwebe gehalten.

Alles Mögliche ging mir durch den Kopf. Bedeutete das, ich könnte von Außerirdischen entführt worden sein? Vielleicht waren meine Träume ja gar keine. Und wenn es keine Träume waren, dann bedeutete das, daß die Außerirdischen immer noch kamen, um mich zu holen. Sie konnten mir von einem Staat in den anderen folgen, wenn wir umzogen. Und sie konnten meine Erinnerungen an die Begegnungen ausschalten, damit ich nicht wüßte, was sie mit mir machten. „O nein, bitte, Gott", betete ich, „ich möchte, daß das nicht wahr ist."

Am nächsten Tag schrieb ich Budd Hopkins einen dritten Brief, in dem ich um seine Hilfe bat und darum, mir eine Liste von Forschern, Hypnotiseuren und Therapeuten zu schicken. Ich hoffte, auf der Liste wäre jemand, der näher wohnte als in Missouri.

Am Tag, nachdem ich den dritten Brief abgeschickt hatte, am 19. Januar 1991, wurde mir klar, daß ich nicht mehr länger warten konnte. Ich mußte jetzt sofort mit jemandem über die Situation sprechen! Ich erinnerte mich, daß das Informationspaket, das ich im November erhalten hatte, die Telefonnummer eines Mannes in Missouri sowie seine Adresse enthielt. Ich beschloß, ihn anzurufen. Ich zitterte, als ich die Tasten des Telefons drückte, und mein Herz raste. Was würde ich sagen? Sicher würde der Mann denken, ich sei verrückt.

Die Stimme, die sich meldete, war weiblich. Sie sagte, John sei nicht in der Stadt und käme erst in ein paar Tagen wieder zurück. Mein Herz rutschte mir bis zu den Knien. Was sollte ich jetzt tun? Ich mußte jetzt mit jemandem reden. In meiner Verzweiflung fragte ich sie, ob sie Johns Frau sei. Sie sagte, sie sei Johns Frau Denise. Ich erklärte kurz, warum ich anrief und sagte ihr, ich bräuchte ganz dringend jemanden, mit dem ich reden könnte – ich würde bestimmt verrückt, wenn ich es nicht schon wäre. Ich erinnere mich nicht mehr genau, was sie mir sagte, aber sie war sehr freundlich und mitfühlend und konnte mich schließlich beruhigen. Dann erklärte sie mir, wie ich ihren Mann am besten erreichen könne, sobald er von seiner Reise zurück sei.

Es war der Morgen des 23. Januar, als ich John Carpenter schließlich erreichen konnte. Wieder zitterte ich und mein Herz schlug schnell, als ich die Tasten des Telefons drückte. Alle möglichen Gedanken rasten mir durch den Kopf. Er würde wahrscheinlich denken, ich sei verrückt. Warum auch nicht? Selbst ich hatte meine geistige Gesundheit schon in Frage gestellt. Vielleicht war er verrückt. Schließlich hatte er irgendwie mit Ermittlungen über die Außerirdischen zu tun. Was tat er beruflich? Würde er mir helfen können? Was, wenn er ein Scharlatan war?

John Carpenter meldete sich am Telefon. Ich erklärte, wer ich war und warum ich anrief. Er bat mich, kurz zu beschreiben, warum ich dachte, daß ich Begegnungen mit Außerirdischen gehabt haben könnte. Das tat ich. Ich machte deutlich, daß die Möglichkeit davon mich ärgerte. Ich erinnere mich nicht mehr genau, was er mir sagte, aber er klang nicht wie ein Scharlatan. Er klang gebildet, erfahren im Umgang mit Leuten, die von Außerirdischen entführt worden waren, voller Selbstvertrauen, freundlich und mitfühlend. Auch seine Gebühren waren vernünftig. Ich beschloß, daß es vielleicht doch der Zeit und der Mühe wert wäre, nach Springfield zu fahren.

Während dieses Telefongesprächs und eines weiteren am nächsten Tag erfuhr ich, daß John Carpenter im Zusammenhang mit Begegnungen mit Außerirdischen fast fünfzig Leute gesprochen hatte. Fünfzig

Leute! Gab es wirklich so viele Leute in den Vereinigten Staaten, die von Außerirdischen entführt worden waren? Das konnte ich kaum glauben. Ich erfuhr auch, daß er in einem Krankenhaus mit Psychiatriepatienten arbeitete. Das war der Anstoß, den ich brauchte, um mich wirklich fest zu entschließen, nach Springfield zu fahren. Er war qualifiziert genug, um mich als geisteskrank diagnostizieren zu können, er konnte mich an eine entsprechende Einrichtung überweisen, und ich könnte die Hilfe und die Ruhe erhalten, die ich so dringend brauchte. Ich hatte das Gefühl, es sei leichter für mich, wenn sich herausstellte, daß ich verrückt sei, als wenn sich herausstellte, daß Außerirdische mich entführten. Zumindest gab es eine Chance, daß gegen die Geisteskrankheit etwas unternommen werden konnte.

Ich sagte Mr. Carpenter, ich sei bereit, mich einer Hypnose zu unterziehen, um der Möglichkeit einer Begegnung mit Außerirdischen nachzugehen. Ich mußte herausfinden, ob meine Träume, in denen Außerirdische vorkamen, wirklich Träume waren oder reale Ereignisse. Was immer auch dabei herauskommen würde, ich mußte die Wahrheit erfahren.

Ein paar Tage nach unserem zweiten Telefongespräch erhielt ich einen Brief von ihm, in dem er die Hypnose erklärte. In dem Brief sagte Mr. Carpenter, es hätten ihm viele Leute geschrieben oder angerufen, die sich unsicher und unwohl fühlten. Er versicherte mir, daß viele andere genau dieselben Gefühle durchgemacht und im Ergebnis mehr über sich selbst erfahren hätten. Er bat mich, ein paar Wochenenden frei zu halten, an denen ich nach Springfield fahren könnte.

Mr. Carpenter fügte auch ein paar Fragebogen bei, die ich ausfüllen sollte. Er bat mich, Skizzen, Diagramme usw. und einen Bericht über Sichtungen oder Träume beizufügen, die ich gehabt hatte. Er betonte, je mehr Details ich in bewußtem Zustand vor unserem Treffen beisteuern könnte, desto mehr würden wir während meiner Reise erreichen.

Der Brief spendete Trost und Unterstützung. Ich brauchte etliche Tage, bis ich die Informationen, die er verlangte, zusammengestellt hatte. Sobald ich sie fertig hatte, schickte ich sie ab, zusammen mit einem Brief, in dem ich beschrieb, was mich in meinen Gedanken umgetrieben hatte.

Je mehr ich an die Aussichten dachte, daß Außerirdische mich besuchten, desto verwirrter wurde ich. Die eine Minute dachte ich, die Vorstellung, daß Außerirdische wirklich überhaupt irgendwo in meine Nähe kämen, sei absurd. Die nächste Minute fragte ich mich, warum meine Träume denen anderer so ähnlich waren. Wieder eine andere Minute dachte ich wieder, ich müsse wohl verrückt sein, auch nur zu denken, meine Träume könnten irgendetwas anderes als Träume sein. Meine Gedanken und Gefühle wurden immer beunruhigender. Ich konnte nicht mehr gut schlafen und war deshalb ständig müde.

Was die Sache noch schlimmer machte, war, daß ich vor kurzem wieder zwei Träume mit Außerirdischen gehabt hatte. Der erste war am 22. Dezember 1990. Ich träumte, ich wäre draußen und beobachtete, wie Raumschiffe vom Himmel zur Erde hinunter schwebten. Ich schaute hoch zu ihnen, und da ich wußte, daß sie wegen mir gekommen waren, schrie ich auf: „Laßt mich in Ruhe. Bitte, bitte, bitte, geht einfach weg und laßt mich in Ruhe."

Der zweite Traum war am 31. Januar oder 1. Februar 1991. Ich schwebte wieder über meinem Bett, aber dieses Mal hielt mich kein heller Lichtstrahl. Ich streckte meinen Arm nach unten, um festzustellen, ob das Bett ein paar Fuß unter mir war. Es war dort. Dann dachte ich: „Dieses Mal werdet ihr Außerirdischen mein Gehirn nicht ausschalten. Ich werde wachsam bleiben. Ich werde mich an alle Einzelheiten erinnern, wie ihr mich aus dem Fenster kriegt, oder wie auch immer ihr mich aus diesem Haus raus bekommt." Aber ich wachte auf und erinnerte mich nicht an die Einzelheiten, die ich geschworen hatte, in Erinnerung zu behalten.

Ich beschrieb diese Träume in meinem Brief an Mr. Carpenter. Ich sagte ihm auch, daß meine Familie plante, am 7. Februar in unser neues Haus zu ziehen, und weil ich wohl ein bißchen Zeit bräuchte, bis danach alles wieder in Ordnung wäre, wäre es wohl am besten für mich, wenn ich ihn während meiner Frühjahrsferien im März besuchte. Darüberhinaus wäre es dann wohl auch meinem Bruder möglich, mich zu begleiten.

Mr. Carpenter rief mich an und sagte mir, daß ihm die Termine während meiner Frühjahrsferien gut paßten. Ich rief Seth an und vergewisserte mich, daß er mich begleiten kann. Er hatte nicht das nötige Kleingeld, aber ich bestach ihn, indem ich ihm versprach, ich würde für alle Kosten aufkommen. Er sagte, wenn nichts dazwischenkäme, würde er sich freuen, mit mir zu gehen. Ich betete, daß nichts dazwischen käme. Ich brauchte die moralische Unterstützung. Mein Mann wäre definitiv nicht in der Lage, mit mir zu gehen. Er ist Subunternehmer, und wenn er nicht arbeitet, wird er auch nicht bezahlt. Wir brauchten das Geld, das er verdienen würde, um meine Reise zu bezahlen.

Im Februar erhielt ich eine Nachricht von Budd Hopkins' Büro mit Namen und Adresse eines Forschers, der in Gulf Coast in Mississippi lebt. Obwohl die Fahrt dorthin nur sechs Stunden dauern würde statt der zehn nach Missouri, beschloß ich doch, an meinen Plänen festzuhalten, mich mit Mr. Carpenter zu treffen. Nachdem ich etliche Male mit ihm am

Telefon gesprochen hatte, hatte ich das Gefühl, daß wir uns gut verstehen würden, und er schien aufrichtig daran interessiert zu sein, mir zu helfen. Ich beschloß, an meinen Plänen, mit meinem Bruder nach Springfield zu fahren, festzuhalten. Am 8. März sollten wir losfahren.

Die Wochen vergingen schnell. Ich unterrichtete jedes Semester vier verschiedene Oberstufenklassen in Buchhaltung. Die Vorbereitung für diesen Unterricht ließ mir nur sehr wenig Freizeit. Als wir Anfang Februar in unser neues Haus zogen, verbrachte ich den größten Teil dieser Freizeit mit Putzen, Kisten auspacken und Einrichten. Ich verbrachte meine verbleibende Freizeit in High School Turnhallen und sah Kellys Basketballspiele an. Ich hatte nicht viel Gelegenheit, über Außerirdische und Raumschiffe nachzudenken. Und doch hatte ich das Thema fast ständig im Hinterkopf.

In meiner Heimatstadt sprach ich mit niemandem über das Thema außer mit meiner besten Freundin Judith (Pseudonym), die schwor, es nur ihrem Mann zu erzählen. Jeder würde doch denken, ich sei verrückt. Ich könnte sogar meine Stelle verlieren. Der Ruf meiner Töchter wäre ruiniert. Wenn mich meine Studenten und Kollegen nach meinen Plänen für die Frühjahrsferien fragten, antwortete ich, ich ginge nach Springfield, Missouri, um ein paar Recherchen für ein Buch über persönliche Erlebnisse zu machen. Was hätte ich sagen sollen? „Ich gehe nach Springfield, Missouri, um herauszufinden, ob ich von Wesen aus dem Weltraum entführt worden bin"? Die ganze Stadt hätte über mich gelacht. Ich versuchte, eine wahre Antwort zu geben. Zu der Zeit wußte ich nicht, ob ich tatsächlich Außerirdischen begegnet war, aber ich dachte, wenn ich herausfinden sollte, daß sich solche Begegnungen tatsächlich ereignet hatten, dann würde ich vielleicht eines Tages darüber schreiben wollen. In jedem Fall zeigt das, daß ich versuchte, die Antwort zu rechtfertigen, die ich gab, wenn jemand fragte, wie ich die Frühjahrsferien verbringen würde.

Kapitel 2

Vor meiner Reise nach Springfield wußten nur wenige Leute von der Möglichkeit, daß ich Begegnungen mit Außerirdischen erlebt hatte. Natürlich wußten es Mutter, Seth und Mike. Seth erzählte es seiner Frau. Mutter sagte es Daddy und meiner Schwester. Mike sagte es niemandem. Und ich sagte es meiner Freundin Judith.

Im August 1990, bald nach dem erleuchtenden Gespräch, das Seth, meine Mutter und ich am Küchentisch meiner Eltern geführt hatten, traf ich meine Freundin Judith zum Mittagessen. Judith und ich waren uns in einer Graduate Class begegnet, kurz nachdem ich im August 1988 nach Craston gezogen war. Judiths Mann, ein Offizier der Air Force, war gerade erst nach Craston versetzt worden. Es war nur natürlich, daß Judith und ich gut miteinander auskommen würden. Die meisten Studenten in unserer Klasse waren Anfang Zwanzig, und Judith und ich, die wir viel älter waren, stachen hervor wie bunte Hunde. Wir waren beide neu zugezogen und im Süden geboren, und wir hatten schon an vielen Orten gelebt. Wichtiger noch, wir kümmerten uns beide um die Familie und gingen gleichzeitig noch zur Schule; wir strengten uns an, unseren finanziellen und beruflichen Status zu verbessern. Wir bemitleideten uns gegenseitig.

Im Laufe des langen Mittagessens mit Judith an jenem Tag erzählte ich von dem Gespräch mit meiner Mutter und meinem Bruder über Außerirdische und Raumschiffe. Judith hörte geduldig und mit Interesse zu. Eines der Dinge, die ich an Judith mochte, war, daß sie wirklich zuhörte, wenn ich ihr etwas erzählte; sie tat nicht nur so, als sei sie interessiert, wie so viele. Ich wußte, was ich auch mit Judith besprach, ich konnte immer auf ihr echtes Interesse und ihre Anteilnahme zählen. Und ich konnte darauf zählen, daß sie meine Geheimnisse wahrte. Ich hatte das Gefühl, ich könnte Judith alles erzählen, und sie würde es verstehen. Nachdem ich meine Geschichte beendet hatte, fragte ich Judith, was sie von der Situation hielt. Sie sagte mir, sie wisse, daß ich nicht verrückt sei, und das Universum sei zu groß, als daß nicht auch auf anderen Planeten, nicht nur auf dem unseren, Wesen lebten. Sie sagte mir auch, ihr Mann interessiere sich ganz besonders für das Thema außerirdisches Leben, und sie bat um die

Erlaubnis, ihm die Geschichte erzählen zu dürfen. Ich gab ihr die Erlaubnis unter der Bedingung, daß sie ihrem Mann das Versprechen abnähme, es niemand anderem zu erzählen.

Seit der Zeit, als wir uns das erste Mal kennenlernten, war es Judith und mir wichtig, daß wir uns oft zum Mittagessen trafen. Eine Menge Geld für ein langes Mittagessen auszugeben, war die Belohnung, die wir uns dafür gönnten, daß wir so hart studierten und immer beste Noten in unseren Kursen erzielten. Ich genoß unsere Gespräche immer sehr. So viele Leute, die in Craston wohnen, leben noch immer in der Vergangenheit, betrauern die Niederlage des Bürgerkrieges und die Abschaffung der Sklaverei und schwelgen in rassistischen Vorurteilen. Aber Judith ist nicht so. Judith ist eine äußerst intelligente Frau und vertritt Gleichheit und Fortschritt mit Nachdruck. Es war erfrischend, sich ihre Ideen anzuhören. Da wir uns oft trafen und ich ihr vertraute, redete ich mir all meine Gedanken über die Möglichkeit der Besuche von Außerirdischen von der Seele. Ich vertraute ihr an, daß die Aussicht, entführt worden zu sein und mich nicht daran zu erinnern, mich zugleich erschreckte und neugierig machte. Schließlich hatten die Wesen, wenn sie mich denn wirklich entführt hatten, mir nicht Böses getan und mich immer wieder zurückgebracht. Aber es fiel mir schwer zu verstehen, wie solche Dinge geschehen konnten, ohne daß man sich daran erinnert. Judiths Meinung war, daß Wesen, die so fortgeschritten sind, daß sie die Erde besuchen können, wahrscheinlich auch fähig wären, viele Dinge zu tun, die jenseits unseres Verständnisses lägen. Sie hatte den Nagel auf den Kopf getroffen.

Ich hielt Judith nicht nur über mein Interesse an der Außerirdischen-Frage auf dem Laufenden, ich sprach mit ihr auch über die meisten anderen Aspekte in meinem Leben. Im September 1990, zwei Monate nachdem Seth und ich unsere UFO-Sichtung in der Kindheit besprochen hatten, ereignete sich eine Reihe verschiedener seltsamer Zwischenfälle, Ereignisse, die mich zunehmend beunruhigten, und ich vertraute Judith all diese Dinge an. Ich fing an, mich verfolgt zu fühlen. Manchmal schien mir ein weißer Wagen nach Hause zu folgen; dann wieder war es ein dunkelblauer. Ich konnte nicht beweisen, daß die Wagen mir folgten. Ich hatte nur das seltsame Gefühl. Und ich fühlte mich die meiste Zeit beobachtet. Sogar in meinen eigenen vier Wänden fühlte ich mich nicht wohl. Ich fragte Judith, ob sie sich je verfolgt gefühlt habe. Sie sagte, ja, sie habe sich einmal eine ganze Woche lang verfolgt gefühlt, und sie habe später entdeckt, daß sie wirklich von Agenten des FBI verfolgt worden war. Über ihren Mann wurden zu der Zeit Ermittlungen angestellt für eine besondere Geheimhaltungsstufe, die er erhalten sollte.

Ein beunruhigender Zwischenfall ereignete sich in einem Restaurant. An einem Abend unter der Woche im September rief mich mein Mann an und sagte mir, er komme für diese Nacht nach Hause. Da ich kaum Nahrungsmittel im Haus hatte, schlug ich vor, essen zu gehen. Mike war damit einverstanden, sich mit mir und unseren Töchtern in einem Restaurant in der Stadt zu treffen. Wir dehnten das Abendessen lange aus, da wir nur sehr selten alle vier zur selben Zeit aßen. Gegenüber unserer Nische saßen zwei Männer mit kurzem Haar. Sie waren lässig aber korrekt gekleidet. Beide waren sehr schlank, aber stark, was vermuten ließ, daß die Männer offensichtlich großen Wert darauf legten, körperlich in Bestform zu sein. Sie wären mir wahrscheinlich gar nicht aufgefallen, aber jedes Mal, wenn ich von meinem Teller aufsah, bemerkte ich, wie sie meine Familie anstarrten. Wenn ich aufsah, sahen sie nach unten. Auch Kelly fiel ihr Verhalten auf. Sie stieß Laura unter dem Tisch und sagte, sie bekäme Gänsehaut von diesen Männern. Obwohl unser Abendessen sehr lange dauerte, waren die Männer immer noch in dem Restaurant, als wir gingen.

Nicht lange nach dem Zwischenfall im Restaurant, ärgerte mich ein weiteres Ereignis. Ich arbeitete in meinem Büro in der Universität Craston. Außer mir war niemand in dem Teil des Gebäudes, in dem ich arbeitete. Ich arbeitete oft in meinem Büro, wenn alle anderen weg waren, weil ich viel mehr Arbeit erledigen konnte, wenn keine Studenten oder Kollegen da waren, die mich unterbrachen. Ich wollte gerade Schluß machen, als ich von meinen Papieren aufsah und einen attraktiven jungen Mann unter der Tür entdeckte. Er hatte kurzes Haar, eine ausgezeichnete Figur und war hübsch gekleidet. Er schien mich zu studieren, musterte mich von Kopf bis Fuß. Dann sah er sich in meinem Büro um. Ich fragte ihn, ob ich ihm helfen könne. Ich fühlte mich äußerst unwohl und öffnete unauffällig meine Schreibtischschublade und griff nach einer Schere, während ich auf seine Antwort wartete.

Wenn ich die Art bedachte, wie er mich ansah, konnte ich nur zu dem Schluß kommen, daß er hier war, um jemanden zu vergewaltigen, und ich war wohl das passende Opfer. Ich dachte bei mir: „Wenn du auch nur einen Schritt auf mich zugehst, dann ramme ich dir diese Schere in die Brust.“ Ich hatte mir schon eine Stelle ausgesucht. Schließlich stellte er mir ein paar Fragen. Ich war von seiner Gegenwart so genervt, daß ich mich später nur erinnern konnte, daß er mich gefragt hatte, wer ich sei und für was ich innerhalb meiner Arbeit verantwortlich sei. Er stellte mir noch eine Frage, die aber im Zusammenhang mit dieser Tätigkeit an der Universität keinen Sinn ergab. Als ich ihm sagte, ich könne diese Frage nicht beantworten, verschwand er. Ein Seufzer der Erleichterung fuhr mir über die Lippen, ich lockerte meinen Griff um die Schere und schloß die Schublade. Wahrscheinlich hätten mich diese Zwischenfälle an sich nicht so sehr beunruhigt, aber es geschahen auch noch andere seltsame Dinge.

Ich kam eines Tages im Herbst nach Hause und entdeckte, daß das Riegelschloß am Carport lose war. Es sah aus, als habe vielleicht jemand versucht, es aufzubrechen oder es entfernt und wieder befestigt. Ich betrat das Haus und bekam das seltsame Gefühl, daß jemand da gewesen war, aber es war alles an seinem Platz und nichts fehlte. Wenn jemand ins Haus kommen wollte, warum schlug er dann nicht einfach ein Fenster ein? Vielleicht war das Schloß ja schon seit einiger Zeit lose und ich hatte es bloß nicht bemerkt. Ich versuchte, mich mit diesem Gedanken zu trösten. Aber das hielt nicht lange an. Ich hörte auf einmal seltsame Geräusche am Telefon. Manchmal ein Klicken, manchmal klingelten andere Telefone im Hintergrund, manchmal Musik. Und wieder ein anderes Mal hörte ich ein leises Geräusch, wie eine Tonbandkassette, die sich langsam um eine Spule dreht.

Im Dezember bekam ich plötzlich Angst, im Dunkeln alleine zu fahren. Die Angst kroch jedesmal in mir hoch, wenn ich im Rückspiegel den Glanz von Scheinwerfern sah. Ich konnte den Grund meiner Angst nicht verstehen, die sich steigerte, wenn ich auf den Straßen in der Nähe meines Hauses fuhr. Ich war froh, daß wir bald umzogen und ich nicht mehr diese Straßen entlangfahren mußte. Wir zogen am 8. Februar 1991 in unser neues Heim. Zunächst klangen unsere Telefonleitungen klar. Dann, nach etwa einer Woche, kamen die vertrauten seltsamen Geräusche wieder. Was meine Frustration noch steigerte, war, daß unsere Alarmanlage wochenlang nach unserem Einzug in unser neues Haus nicht richtig funktionierte. Fast täglich kamen Leute zur Reparatur. Sie richteten den Alarm neu ein, und schon bald funktionierte er nicht mehr. Sie konnten die genaue Ursache des Problems nicht entdecken und waren schon fast so frustriert von der Situation wie ich.

Am 5. März kam ich viel früher von der Universität nach Hause als üblich. Ich brachte ein ganze Ladung Lehrbücher mit nach Hause, damit ich ohne Unterbrechung arbeiten konnte. Es war etwa gegen 11 Uhr vormittags. Ich betrat das Haus durch die Garage und stellte die Alarmanlage aus, da hörte ich ein Geräusch, das klang, als käme es aus dem Jagdzimmer über der Garage. Außerdem hatte ich das unbestimmte Gefühl, daß dort oben jemand war. Aber ich versuchte, meine Furcht zu vertreiben, indem ich mir sagte, ich bekäme wohl so langsam den Verfolgungswahn wegen all der anderen seltsamen Ereignisse, die stattgefunden hatten. Ich ging weiter durch den Wintergarten und kam schließlich zur

Küchentür, die mit einem Riegelschloß gesichert ist. Das Schloß war lose. Ich hatte nicht bemerkt, daß es lose war, als ich es an jenem Morgen schloß bevor ich zur Arbeit ging. Jetzt hatte ich wirklich Angst. Ich versuchte, mir vorzustellen, was ich tun sollte. Sollte ich den Sheriff anrufen? Wenn die Person im Jagdzimmer ein Mörder, Räuber oder Vergewaltiger war, warum kam er dann nicht raus und griff mich an, statt sich zu verstecken? Und wie hatte er hineinkommen können, ohne den Alarm auszulösen? Da ich nicht sofort angegriffen wurde und wegen der anderen Ereignisse, die in letzter Zeit vorgekommen waren, schloß ich, daß die Person eine Art Agent sein müsse, der nicht damit gerechnet hatte, daß ich schon so früh nach Hause käme. Wenn dem so wäre und ich riefe den Sheriff an, dann bekäme ich nur großen Ärger. Der Agent würde einfach vor dem Sheriff seine Marke zücken und eine plausible Erklärung dafür anbieten, warum er in meinem Haus sei, und zwar eine Erklärung, die aus mir die Kriminelle machen würde. Ich beschloß, nicht anzurufen. Und außerdem war ich mir gar nicht sicher, daß sich wirklich jemand im Jagdzimmer versteckte. Wenn der Sheriff tatsächlich käme, um nachzusehen und dann niemanden fände, käme ich mir doch vor wie ein Idiot.

Ich wußte nicht, was ich tun sollte. Ich versuchte mir noch einmal zu sagen, ich bildete mir da nur etwas ein. Ich fühlte mich aber immer noch unwohl und beschloß, vorläufig nicht in die zweite Etage des Hauses zu gehen. Wenn da wirklich ein Eindringling wäre, könnte ich eher entkommen, wenn ich auf der unteren Ebene bliebe, wo es vier Türen nach draußen gibt. Ich ging ein paar Mal zur Garage, um die Lehrbücher zu holen, die ich mitgebracht hatte. Dann erledigte ich ein paar Dinge im Haushalt. Aber ich sah beständig über meine Schulter, während ich diese Aufgaben erledigte. Etwa um 13 Uhr kochte ich mir ein Mittagessen und setzte mich ins Wohnzimmer, um fernzusehen während ich aß. Normalerweise schalte ich den Fernseher nach *As the World Turns* immer aus. Aber an diesem Tag konnte ich die Stille nicht ertragen, und so ließ ich ihn noch ein Weilchen an. Kurz nach 14 Uhr, als ich aus dem Wohnzimmer in den Flur ging, hörte ich ein Piepen, das mich entsetzte. Es klang wie das Piepen unserer Alarmanlage, wenn jemand eine Tür oder ein Fenster öffnet. Aber konnte das Geräusch vom Fernseher kommen? Ich war mir nicht sicher. Ich wußte aber, wenn das Geräusch von jemandem herrührte, der das Haus verließ, dann hatte er es wenigstens verlassen, ohne mir etwas zu tun. Ich war seit drei Stunden zu Hause und mir war nichts geschehen, ich fühlte mich nun sicher genug, ging nach oben und arbeitete. Ich trug gerade einen Arm voller Bücher hoch, da hörte ich wieder ein nicht identifizierbares Geräusch. Ich dachte, das klang wie ein Kipplaster vor dem Haus und schaute aus dem vorderen Fenster oben, aber ich sah keinen Laster oder irgendetwas anderes, das das Geräusch hätte verursachen können. Ich rannte zu den Fenstern auf der Rückseite des Hauses und schaute raus. Und immer noch sah ich nichts Ungewöhnliches. Wo konnte dieses Geräusch hergekommen sein? Erst viele Wochen später, als Mike das hintere Garagentor öffnete, wurde mir klar, daß das Geräusch von jemandem gekommen sein mußte, der es öffnete und schloß. Das Geräusch, das das Tor macht, wenn es hoch und runter geht, ähnelt dem eines Kipplasters.

Ich sagte mir immer wieder, all diese seltsamen Ereignisse seien rein zufällig. Ich sei einfach empfindlicher als gewöhnlich, weil ich entnervt war von der Möglichkeit, daß Außerirdische mich an einem bestimmten Punkt in meinem Leben entführt hatten. Ich litt einfach unter Verfolgungswahn. Aber tief im Innern kannte ich die Wahrheit, die ich nicht akzeptieren wollte. Ich wußte, ich war verfolgt worden. Ich wußte, jemand hatte sich an meinen Schlössern zu schaffen gemacht. Und ich wußte, am 5. März war jemand in meinem Haus gewesen.

Aber warum? Warum? Diese seltsamen Ereignisse fingen erst im September an, nach diesem Gespräch mit Mutter und Seth, nachdem ich den ersten Brief an Budd Hopkins geschrieben hatte, in dem ich meine möglichen Erlebnisse mit Außerirdischen beschrieb, und nachdem ich das Thema Entführungen durch Außerirdische mit Judith und Mike besprochen hatte. Hatten diese seltsamen Zwischenfälle mit meinen Erkundigungen über außerirdisches Leben zu tun? Und wenn, wer wußte dann noch von meinem Interesse an dem Thema, wie hatten sie das herausgefunden, und warum interessierten die sich für mich? Ich hoffte, meine bevorstehende Reise nach Springfield würde diese Fragen beantworten.

Kapitel 3

Am Morgen des 8. März 1991 bereitete ich mich eifrig auf meine Reise nach Springfield vor. Ich hinterließ eine Liste mit Anweisungen für Kelly und Laura und bat meine Mutter und eine Freundin, nach ihnen zu sehen, solange ich nicht in der Stadt war. Nachdem ich meine Buchhaltungsklassen unterrichtet hatte, hielt ich noch schnell beim Lebensmittelladen, um ein paar zusätzliche Dinge mitzunehmen, die Kelly und Laura brauchen würden, wenn ich nicht da war. Ich kam sehr spät von der Arbeit nach Hause.

Ich packte noch immer, als Seth ankam. Wir hatten beide noch nicht zu Mittag gegessen, und so bat ich Seth, im Kühlschrank nach etwas Eßbarem zu suchen, während ich meine Kleider fertig packte. Bis wir gegessen und das Auto beladen hatten, war es 14 Uhr. Endlich waren wir unterwegs.

Ich war froh, daß Seth mich begleitete. Er redet gern, ist fröhlich, und man hat ihn einfach gern um sich. Trotz des ernsten Grundes unserer Reise, wußte ich doch, daß wir zumindest einen Teil der Zeit für uns haben würden.

Während wir so vor uns hinfuhren, sprachen wir über verschiedene Dinge, erzählten uns Witze und sangen zu Seths Kassetten der *Nibby Gritty Dirt Band*. Plötzlich sang Seth: „We're off to see the Wizard, the wonderful Wizard of Oz", denn wir erwarteten erleuchtende Antworten von John Carpenter, dem wir von da an den Spitznamen Oz gaben.

Nachdem wir mehr als sechs Stunden gefahren waren, fanden Seth und ich ein Motel, in dem wir übernachten konnten. Um Geld zu sparen, mieteten wir nur ein Zimmer. Die Frau an der Rezeption dachte offensichtlich, wir seien ein Ehepaar und fragte, ob wir lieber ein Doppelbett oder zwei Einzelbetten hätten. Sie kicherte, als wir ihr sagten, wir hätten eigentlich keinen Inzest vor.

Am nächsten Tag fuhren wir nach Springfield. Wir waren kaum angekommen, als wir John Carpenter anriefen, und ein Treffen für den frühen Nachmittag vereinbarten. Mr. Carpenter bot an, uns vom Hotel abzuholen, aber ich sagte ihm, wenn er uns den Weg beschriebe, könnten Seth und ich das Büro finden, in dem er sich mit uns treffen wollte. Wir fanden das Gebäude leicht und kamen ein bißchen zu früh an. In dem Büro, in dem wir uns treffen wollten, war niemand. Wir sahen ein paar Stühle in einem Flur bei dem Büro, setzten uns und warteten. Um uns die Zeit zu vertreiben, unterhielten Seth und ich uns darüber, wie John Carpenter wohl aussehen würde, wie ich ihn mir nach unseren Telefongesprächen vorstellte. Ich stellte mir vor, er müsse blond oder rotblond sein, etwa 1,75 Meter groß und von durchschnittlicher Statur. Ein paar Minuten später kam ein Mann zur Hintertür des Gebäudes herein. Er trug einen Liegestuhl und einen Schlafsack.

„Das ist er", sagte Seth. Ich sagte Seth, das glaubte ich nicht. Der Mann hatte dunkelbraunes Haar und war größer als der Mann, den ich mir vorgestellt hatte. Und mit Sicherheit trüge er nicht diesen Liegestuhl und diesen Schlafsack mit sich herum, damit ich darauf hypnotisiert werden sollte. Jemand, der sich einer Hypnose unterzieht, sollte doch eine Ledercouch haben!

„Ich wette, er ist es", erklärte Seth.

„Er kann es nicht sein", antwortete ich. Aber der Mann ging den Gang hinunter, auf das Büro zu, in dem wir Mr. Carpenter treffen sollten, wie er uns gesagt hatte. Nach ein paar Minuten standen Seth und ich von unseren Stühlen auf und gingen den Gang hinunter, um nachzusehen. Ja, der Mann war in das bestimmte Büro gegangen. „Na toll", dachte ich, „da bin ich nun vierhundert Meilen gereist, um dann von einem Mann hypnotisiert zu werden, der noch nicht mal eine Couch hat."

Wir fragten den Mann, ob er John Carpenter sei. Er antwortete, der sei er, und Seth und ich stellten uns vor. Jetzt gab es kein Zurück mehr.

Ich weiß nicht mehr, worüber wir zu Anfang sprachen, aber ich erinnere mich daran, daß ich äußerst nervös war. Nach ein paar Minuten kam eine von Mr. Carpenters Assistentinnen und Seth und ich stellten uns wieder vor.[7] Mr. Carpenter stellte ein paar Möbel um, klappte den Liegestuhl auf und legte den Schlafsack darauf. Währenddessen unterhielten wir uns weiter. Ich wartete die ganze Zeit darauf, daß er mir sagen würde, ich könne ihn John nennen, aber er tat es nicht. Mir wurde schon von klein auf beigebracht, nie eine Autoritätsperson beim Vornamen zu nennen, bevor sie die Erlaubnis dazu erteilt. Ich beschloß, diese Regel in dieser Situation zu mißachten. Ich würde dieser Person ja gleich meine Seele offenbaren. Da wäre es doch sicher in Ordnung, wenn ich ihn beim Vornamen nannte.

John deutete an, daß ich auf dem Liegestuhl sitzen sollte. Da ich keine Couch sah, war ich auch schon zu dem Schluß gekommen. Nervös wie ich war, setzte ich mich und murmelte, ich wünschte, ich hätte eine Sicherheitsdecke. Grace, Johns Assistentin, sagte, sie habe eine Steppdecke in ihrem Auto und bot großzügig an, ich könne sie benutzen. Ich nahm ihr Angebot an. Alle anderen setzten sich. John schloß ein Mikrophon an und schaltete seinen Kassettenrekorder ein. Er sagte, ich solle mich entspannen und erklärte, er sei nun bereit, unser Gespräch aufzuzeichnen.

John begann die Sitzung, indem er mich fragte, ob ich schlecht schlafe. Ich erklärte, ich wache gewöhnlich um vier Uhr morgens auf und hätte dann Schwierigkeiten, wieder einzuschlafen. Dann bat John Seth und mich, ihm von dem Tag zu erzählen, an dem wir in Gardendale, Alabama, Raumschiffe gesehen hatten.

Seth sagte John, er erinnere sich, daß er auf der vorderen Terrasse unseres Hauses gestanden sei und nur ein Objekt gesehen habe. Er wußte, daß noch ein Kind aus der Nachbarschaft da war, aber er erinnerte sich nicht mehr, welches, wahrscheinlich aber Philip Goode (Pseudonym). Dann beschrieb Seth die Szene und stellte sie auf einer handgezeichneten Karte der Umgebung dar.

„Das Objekt war etwa einen Häuserblock entfernt", erklärte Seth. „Südlich unseres Hauses lag ein Waldgebiet und ein Bach, ein weiteres Waldgebiet im Osten. Im Norden waren eine Weide und ein Waldgebiet. Wir beobachteten, wie sich das Objekt nach rechts bewegte und dann über dem Waldgebiet niederging. Mr. Goode fuhr uns dort hin. Ich erinnere mich, wie wir dort hin fuhren, ich erinnere mich, daß ich auf dem Rücksitz des Wagens saß, und dann erinnere ich mich, daß ich wieder zu Hause war. Das ist alles, an was ich mich erinnern kann. Ich weiß, wir gingen es suchen, aber wir konnten es nicht finden."[8]

John fragte Seth, ob er sich noch erinnere, zu welcher Tageszeit wir das Objekt gesehen hatten. „Mir scheint, das war mitten am Tag", antwortete Seth. „Die Sonne stand am Himmel. Es war hell."

Ich unterbrach: „Oder Nachmittag, bevor Daddy heimkam. Er kam früh heim, etwa um drei oder vier."

John fragte, was Mr. Goode über das Objekt gesagt oder für was er es gehalten hatte. Seth erklärte, er erinnere sich nicht mehr an Mr. Goodes Reaktion; er erinnere sich nur daran, daß Mr. Goode uns in den Wald fuhr und uns half, es zu suchen.

John fragte nach der Größe des Objekts. Seth antwortete, es habe wahrscheinlich etwas weniger als sieben Meter Durchmesser gehabt, und daß es ihn an eine silberne Christbaumkugel erinnerte, die am Himmel hing. Dann betonte Seth, daß ich mehr als nur eines gesehen hatte. Ich sagte John, daß ich dachte, es seien drei gewesen. Alle, bis auf eines, schossen in die Höhe und verschwanden augenblicklich. Das Übriggebliebene schwebte nach unten in den Wald. Mr. Goode fuhr uns hin, um danach zu suchen, wir fanden nichts und fuhren zurück nach Hause.

John bat mich, den nächsten seltsamen Vorfall zu beschreiben, an den ich mich erinnern konnte. Ich erwähnte den Traum, den ich im Juli mit Mutter und Seth besprochen hatte. Ich erklärte, das Ereignis geschah in Florence, Alabama, wo ich von 1975 bis 1981 lebte. Ich hatte eine Beschreibung dieses Traumes einem Brief an John beigefügt, aber er bat mich, ihn noch einmal kurz durchzugehen. Ich kam mir dumm vor, wie ich darunter Fremden saß und einen Traum von Raumschiffen besprach, aber ich fuhr zögernd fort. „Als ich eines Morgens ins Wohnzimmer ging, kam mir der Gedanke: ‚Gestern nacht war ich in einem Raumschiff.‘ Ich weiß nicht einmal, woher ich wußte, daß es ein Raumschiff war. Ich erinnere mich nur, ich war in einem runden Raum und lag flach auf dem Rücken auf einer Plattform, wie auf einem Untersuchungstisch in der Praxis eines Doktors. Meine Füße wiesen zur Mitte des Raumes. Kleine Kreaturen standen um mich herum. Sie machten etwas mit mir, aber ich weiß nicht was. Auf der anderen Seite des Raumes stand noch eine Kreatur, die sich immerzu umdrehte, mich ansah, dann wieder umdrehte und die anderen Kreaturen ansah. Es wurde kein einziges Wort gesprochen. Es schien, sie wußten, was der andere dachte, als ob es zwischen ihnen eine Art Verständigung gebe. Ich erinnere mich, wie ich dachte, wie graziös und ohne Anstrengung sich die Kreatur auf der anderen Seite des Raumes bewegte. Die Kreaturen hatten keine Ohren. Ich erinnere mich auch nicht, daß ich einen Mund gesehen hätte. Ich sah große, dunkle Augen und zwei kleine Löcher als Nase. Ich erinnere mich an nichts so lebhaft wie an die großen, dunklen Augen. Sonst war nichts weiter. Aber am Morgen, als ich mich an den Vorfall erinnerte, sagte ich mir: ‚Nein, ich kann nicht in einem Raumschiff gewesen sein. Es ist schon lächerlich, sich so eine Idee auch nur vorzustellen. Es erscheint so real, aber es kann nicht sein. Ich lebe in einer Wohnsiedlung. Hier sind überall Häuser.‘ Dann sah ich nach allen Fenstern und Türen und vergewisserte mich, daß sie abgeschlossen waren. Schließlich sagte ich mir: ‚Siehst du, es kann gar nicht echt gewesen sein. Es muß ein Traum gewesen sein. Es kann gar nicht anders sein.‘ Und so befahl ich mir, es zu vergessen.“

Seth griff ein: „Vergiß nicht, was du mir sagtest über dein verlorenes Zeitgefühl.“

„Ach, du meinst mit Jeff Krueger (Pseudonym)? Das war nichts.“

„Nun, erzählen Sie uns davon“, bat John. „Okay“, sagte ich zögernd. „Das geschah in Huntsville, Alabama. Ich hatte einen festen Freund. Wir trafen uns, gingen ins Kino und dann parkten wir am Ende der Straße, wo keine Häuser mehr waren. Und in einer Nacht verschwand einfach die Zeit. Plötzlich schaute Jeff auf seine Uhr und sagte: ‚Oh, mein Gott, die bringen mich um! Ich muß nach Hause.‘ Und wir sahen uns mit ratlosen Mienen an, weil wir nicht verstehen konnten, was mit der Zeit geschehen war. Vielleicht hatten wir ein bißchen geschlafen. Oder vielleicht amüsierten wir uns so gut, daß wir gar nicht merkten, wie die Zeit verging.“

„Das ist gut möglich“, stimmte John zu. „Wieviel Zeit ist denn vergangen?“

„Nun, etwa eine Stunde schien verloren zu sein, vielleicht eineinhalb.“

Als nächstes bat mich John, meine beiden jüngsten Träume mit meinem Bett, über die ich ihm geschrieben hatte, in weiteren Einzelheiten zu beschreiben. Ich sagte ihm, daß ich in meinem ersten Traum mit dem Gesicht nach unten etwa zwei Fuß über meinem Bett lag und ein Lichtstrahl mich in der Schwebe hielt. Ich dachte, ich müsse doch zurück ins Bett, damit ich aufstehen und zur Arbeit gehen könne, aber ich konnte mich nicht bewegen. Mein Gehirn funktionierte, nicht aber mein Körper. Das Nächste, an das ich mich erinnerte, war, daß mein Kopf aufs Kissen fiel und ich aufwachte.

In dem zweiten Traum wechselten die Schauplätze ständig. In einer Szene stand ich draußen, schaute hoch zu den Sternen und dachte: „Ich muß wieder rein.“ Aber als nächstes war ich in einem Konferenzraum und sprach mit Leuten über UFOs. In der dritten Szene war ich wieder über dem Bett, aber ich erinnere mich dieses Mal nicht an einen Lichtstrahl. Wie ich so über dem Bett lag, dachte ich: „Ich werde euch Kreaturen nicht erlauben, mein Gehirn auszuschalten. Ihr werdet mein Gehirn *nicht* ausschalten. Ich werde mich an jede Einzelheit erinnern, wie Ihr mich aus diesem Fenster kriegt oder wie zum Teufel ihr mich überhaupt zum Haus raus kriegt. Ich werde mich daran erinnern.“ Aber ich erinnerte mich nicht.

Ich deutete an, daß es mir vorkam, als sei der erste Traum ein reales Ereignis gewesen, aber der zweite mußte doch ein reiner Traum gewesen sein, denn ich gehe für gewöhnlich nicht mitten in der Nacht in Konferenzräume.

John und Grace baten mich, nähere Einzelheiten des Konferenzraumes zu beschreiben. Als ich fertig war, sagte John: „Nun, ich sehe keinen allzu großen Unterschied zwischen den Träumen, die echt erscheinen und denen, die nicht echt erscheinen.“

John fragte, ob ich nach einem der Träume körperliche Beschwerden gehabt hätte. Ich erzählte ihm von der Zeit, als ich zur Beobachtung ins Krankenhaus mußte; und da der Doktor die Ursache der Beschwerden nicht finden konnte, sagte dieser mir, es müsse vom Streß kommen. Ich erklärte John, ich stünde ständig unter Streß; wenn Streß meine Beschwerden verursacht haben sollte, dann müßte ich eigentlich jeden Tag krank sein.

Ich erzählte John auch, daß ich Beschwerden im rechten Ohr habe. Er bat mich, nähere Einzelheiten darüber zu beschreiben. Ich sagte ihm, daß ich gelegentlich Schmerzen bekomme, die im Nacken anfangen und dann nach hinten in mein rechtes Ohr ziehen, manchmal auch in die Augengegend. Das erste Mal, daß ich Beschwerden im Ohr hatte, war in den siebziger Jahren, als ich in Florence, Alabama, lebte, aber sie wurden erst richtig schlimm, als wir nach Craston zogen. Ich erklärte, daß ich daraus, daß die Beschwerden nur auftauchten, wenn ich in meinem Büro zuhause oder in der Bibliothek des College Papiere vervielfältigte, geschlossen hatte, daß ich auf die Tinte in Kopiergeräten allergisch sein mußte.

John und Grace amüsierten sich anscheinend über meine Erklärung. John fragte, ob ich mich an irgend einen anderen Traum oder Vorfall jeder Art erinnern könne, der mir ungewöhnlich oder beunruhigend erschien.

An der Stelle drängte mich Seth, John und Grace von dem Traum zu erzählen, über den ich mit ihm auf unserer Fahrt hierher besprochen hatte. Ich wollte es ihnen nicht sagen. Dieser Traum war zu peinlich. Nichtsdestotrotz überredete Seth mich, mit ihnen darüber zu sprechen. Zögernd gab ich zu, daß es noch einen letzten Traum gebe, der echt schien. Ich erinnerte mich, mit etwas, was ich „eine Art Geist“ nannte, Sex gehabt zu haben, und zwar kurz nach einer Hysterektomie (operative Entfernung der Gebärmutter) 1981. Ich konnte mich nicht erinnern, wie der Geist aussah, oder wie ich bei dem Erlebnis empfunden hatte. Ich erinnerte mich einzig und allein noch daran, daß ich dachte, es könne kein Geist Gottes sein, denn ich sei dazu nicht gut genug, und so mußte es wohl ein böser Geist gewesen sein. Und ich erinnerte mich, daß ich dankbar war, daß ich nicht schwanger werden konnte.

John war zufrieden, daß wir nun alle meine noch bestehenden Erinnerungen abgedeckt hatten und deutete an, wir seien nun bereit zur Hypnose. Er fragte mich, ob ich in den Ruheraum gehen wollte, bevor wir anfingen. Ich sagte, das sei eine gute Idee, und so machten wir eine kurze Pause.

Während ich im Ruheraum war, dachte ich, wie schön es sei, zur Abwechslung auch mal jemanden zu haben, der an meine Bedürfnisse dachte. Zuhause war ich immer diejenige, die sich um die Bedürfnisse aller anderen kümmern mußte. Ich bemerkte, daß ich John und Grace mochte. Sie waren professionell, freundlich, und man konnte gut mit ihnen reden. Und vielleicht war es ja doch nicht so wichtig, auf einer Couch liegen zu können.

Als wir alle wieder in dem Zimmer waren, besprachen wir noch ein paar Dinge, bevor wir mit der Hypnose anfingen. Ich erwähnte, daß ich in jüngster Zeit immer unter äußerster Spannung stand, wenn ich nachts alleine Auto fuhr und sah, wie Straßenlaternen in meinem Rückspiegel reflektierten. Es gab keinen vernünftigen Grund für eine solche Angst. Dann erzählte ich von den anderen Dingen, die mir unangenehm waren: die Autos, die mir folgten, die Männer, die meine Familie in dem Restaurant beobachteten, der junge Mann, von dem ich dachte, er wollte mich in meinem Büro vergewaltigen, die losen Türschlösser, die Schwierigkeiten mit unserer neuen Alarmanlage und das Geräusch im Jagdzimmer, als ich letzten Dienstag früher von der Arbeit zurück kam.

John befand, wir hätten nun alle Themen besprochen, die von Wichtigkeit waren und kündigte an: „Okay. Nun kommen wir zum lustigen Teil. Dabei werden Sie sich entspannen. Wenn wir den Entspannungsteil hinter uns haben und damit beginnen, uns ein paar der Bilder und Dinge, an die Sie sich erinnern, näher anzusehen, werden Sie leicht denken: ‚Oh, nein, das sage ich nicht. Das klingt doch zu blöd.‘ Oder: ‚Nein, das bilde ich mir nur ein. Das sage ich nicht.‘ Ich möchte aber, daß Sie dem ‚Gedankenstrom‘ freien Lauf lassen, daß Sie sagen, was immer Ihnen in den Sinn kommt. Statt es zu bewerten, lassen Sie's raus und überlassen Sie die Bewertung uns. Okay? Mit anderen Worten, sagen Sie einfach alles, was Ihnen in den Sinn kommt oder Sie berührt, alles Besondere oder Seltsame. Selbst wenn es nur ein Aufblitzen von etwas ist, das Sie für total unwichtig halten, machen Sie einfach weiter und sprechen Sie's aus.“

In dem Moment wollte ich nur sagen: „Laßt mich hier raus. Ich möchte das alles vergessen. Ich möchte nicht hypnotisiert werden. Ich will nicht, daß jemand in meinen Gedanken rumstochert. Diese ganze Idee war ein großer Fehler.“ Aber eine Seite von mir möchte alles, was möglich ist, zumindest einmal ausprobieren. Und außerdem waren Seth und ich einfach zu weit gefahren, als daß ich jetzt aufgeben konnte. Und wenn ich mich jetzt dieser einen Hypnosesitzung unterzog, vielleicht würden wir dann herausfinden, daß alle meine Traumbilder wirklich nur Träume waren, und meine Verwirrung und meine Sorgen wären vorbei.

Nervös wie ich war, fiel es mir schwer, mich zu entspannen. Aber John schaffte es, daß ich mich wohl fühlte. Zuerst ließ er mich meinen Blick auf einen Punkt an der Decke richten. Als meine Augen müde und schwer wurden, sagte er, ich könne sie schließen. Das war gut. Johns Stimme war fest, ruhig, beruhigend. Er wies mich an, meine Stimme zu finden und an das Haus zu denken, in dem ich als Kind in Gardendale, Alabama, gelebt hatte. Dann stellte er mir Fragen darüber.

Ich beschrieb das Haus meiner Kindheit. Es freute und überraschte mich zugleich, daß ich mich an all die Einzelheiten wieder erinnern konnte, die ich im Laufe der Jahre vergessen hatte: das weiße Metalldekor an der Eingangstür, der Mimosenbaum, dessen Früchte ich pflückte, der Gehweg vor dem Haus, wo ich mit meinen Murmeln und mit meinem chinesischen Brettspiel Schule spielte, einen Granatapfelbaum im Hof, im Haus den Ofen, der mitten im Gang stand, die glänzenden Holzböden, meine Puppe Betsy, die laufen konnte und immer auf meinem Bett lag. Interessant war, daß ich bis zu dem Moment ihren Namen vergessen hatte.

Als nächstes bat John mich, mich an den Tag zu erinnern, an dem Seth, ein Kind aus der Nachbarschaft und ich etwas am Himmel sahen, das mir auffiel. „Denken Sie daran, wie Sie darauf aufmerksam wurden", sagte John. „Was sahen Sie zuerst, oder, als sie da auf der Terrasse standen, wer sprach zuerst davon?"

Ich mußte mich sehr konzentrieren und erinnerte mich dann daß ich es war, die die Objekte zuerst sah, drei, die unbeweglich am blauen Himmel standen. Sie waren rund, silbern und in einer dreieckigen Formation, wobei eines der Objekte etwas weiter weg zu sein schien. Manchmal schien die Sonne so auf die Objekte, daß sie teilweise bläulich aussahen. Ich beobachtete sie lange. Plötzlich schossen zwei hoch in Richtung Norden und verschwanden augenblicklich außer Sichtweite. Philip Goode und Seth kamen zu mir, und wir beobachteten, daß das dritte Objekt lange schwebte, bis es über die Bäume rechts von uns glitt und im Wald verschwand.

Als das Objekt im Wald gelandet war, rannten Philip, Seth und ich die Straße hoch zu Philips Haus und erzählten seinem Vater, daß eine fliegende Untertasse im Wald gelandet war und wir sie finden wollten. Er wußte, daß wir es ernst meinten, denn in unseren Stimmen schwang außer der Aufregung auch Furcht mit. Wir stiegen alle in Mr. Goodes altes Auto, fuhren die Straße runter und parkten im Gras beim Wald. Als wir in den Wald kamen, verteilten wir uns. Ich ging nach rechts.

Das, an was ich mich als nächstes erinnerte, überraschte und ängstigte mich. Bei einem großen Baum sah ich eine Kreatur mit einem unheimlichen Gesicht und großen, schwarzen Augen. Die Augen sahen so anders aus als unsere, ohne Pupille und ohne Wimpern. Der Körper war kreideweiß. Das obere Ende des Kopfes war viel breiter als das untere. Die Kreatur hatte keine Haare. Sie war ungefähr so groß wie ich. Er stand ruhig da und starrte mich mit diesen riesigen Augen immerzu an. Als ich tief in diese Augen sah, wußte ich, daß die Kreatur nicht wollte, daß ich Angst hatte.

In meiner nächsten Erinnerung war ich in einem anderen Teil des Waldes und sah einen hellen Lichtstrahl auf mich zukommen wie ein Bündel Sonnenstrahlen. Ich sah auch ein rundes, silbernes Objekt, das über einer Lichtung schwebte.

„Wollten Sie jetzt wegrennen?" fragte John.

„Ich wollte in es hineingehen", antwortete ich. Ich erinnerte mich nicht, wie ich in das schwebende Objekt gekommen war, aber ich erinnerte mich bald, daß ich drinnen war und in einem kreisförmigen Raum auf einer Plattform lag. Es waren noch etliche andere Kreaturen da. Es überraschte mich, daß sie alle gleich aussahen. Ihre Augen sagten mir, ich solle keine Angst haben. Und ich hatte auch keine; ich fühlte mich völlig in Ordnung. Der Raum war hell erleuchtet, auch wenn ich mich nicht an die Lichtquelle erinnern konnte.

„Was haben Sie jetzt an?“ fragte John. Ich war schockiert, als ich entdeckte, daß ich gar nichts anhatte. Dann erinnerte ich mich, wie ich auf die Hände der Wesen sah und entdeckte, daß ihre Finger länger waren als unsere und daß sie nur vier hatten. Ein Wesen benutzte ein Instrument wie eine Nadel, um in meine Arme, Beine und Füße zu stechen. Ich bemerkte, daß das Instrument silbern und etwa dreißig Zentimeter lang war.

„Ich glaube, ich wäre in diesem Moment aufgesprungen und davongerannt!“ rief John aus, als ich diese Prozedur beschrieb.

„Nein, ich habe keine Angst“, sagte ich ruhig. Das nächste, an das ich mich erinnerte, war, daß ich wieder bei meinen Freunden war und wir alle wieder aus dem Wald herausgingen, enttäuscht, daß wir die fliegende Untertasse nicht gefunden hatten. John fragte mich, ob ich mich erinnerte, das Wesen je wieder gesehen zu haben. Und obwohl ich mich sehr anstrengte, konnte ich mich an nichts mehr erinnern, und so brachte mich John langsam und sanft aus dem Hypnosezustand.

Als ich aus meinen ungewöhnlich entspannten Zustand wieder herauskam, war ich verwirrter denn je. Waren diese Dinge wirklich geschehen? Spielte mir mein Gehirn einen Streich? War ich wirklich verrückt? Vielleicht war ich ja schon auf einer Station für Geisteskranke, und alles, was mir durch den Kopf ging, war nur Illusion. Ich wußte es nicht. Wenn die Begegnung mit dem Wesen wirklich stattgefunden hatte, warum hatte ich mich dann nicht schon früher bewußt an alles erinnert?

Ich begann, meine Gedanken in Worte zu fassen. Ich stritt ab, hypnotisiert worden zu sein und sagte, die Geschichte, die ich erzählt hätte, stamme von meinem Mann, der sie mir eingepflanzt habe.

„Richtig“, sagte John in einem amüsierten Tonfall. „das hat er aber gekonnt. Was hat er Ihnen denn gesagt?“

„Er sagte, vielleicht hast du ja mal ein Raumschiff gesehen, als du klein warst und kannst dich nicht daran erinnern.“

„Klar, das hat sich dann in Ihrem Gehirn festgesetzt, nicht wahr?“ sagte John.

„Richtig. Ich meine, ich habe das alles heraufbeschworen“, antwortete ich, weil ich die Realität der Begegnung nicht akzeptieren wollte. „Klar“, sagte John auf eine Art, daß ich wußte, daß er meine Erklärung nicht akzeptierte. „Wir können Ihnen alle Details voraussagen. Grace und ich sitzen hier und prophezeien schon, was Sie sagen werden, bevor Sie es überhaupt sagen."

„Ich habe mich aber nicht an alles erinnert", hielt ich entgegen. „Sie müssen sich ja gar nicht an alles erinnern", sagte John. „Das kann übrigens noch kommen."

Ich konnte nur noch sagen: „Jetzt könnte ich einen Erdbeer-Daiquiri gebrauchen."

John bat mich, die Kreatur zu zeichnen, die ich im Wald von Angesicht zu Angesicht getroffen hatte. Ich versuchte, sie so gut wie möglich zu zeichnen, aber ich bekam sie nicht richtig hin. Ich versprach, es später im Hotel noch einmal zu versuchen. Wir kamen überein, daß wir am nächsten Morgen als erstes eine weitere Hypnosesitzung abhalten wollten. Wir verabschiedeten uns und gingen.

Als wir das Gebäude verlassen hatten, fuhren Seth und ich zu einem Restaurant, das John empfohlen hatte. Dort stand eine lange Schlange. Wir waren viel zu hungrig und müde, als daß wir hätten warten wollen und probierten ein anderes Restaurant. Auch dort dasselbe, und so beschlossen wir, ins Hotel zu gehen und Essen aufs Zimmer zu bestellen. Schließlich landeten wir doch im Speisesaal des Hotels. Unsere Bestellung kam nach wahrscheinlich der gleichen Zeit, die wir auch benötigt hätten, wären wir in dem ersten Restaurant geblieben und hätten gewartet, bis wir an der Reihe waren. So ist das bei mir immer.

Ich wollte sowieso nichts essen. In meinem Kopf drehte sich alles. Heute hatte ich herausgefunden, daß ich als Kind von Außerirdischen entführt wurde und daß das die ganze Zeit meinem Erinnerungsvermögen versperrt geblieben war. Das ergab keinen Sinn. Wie konnte das geschehen? Wie konnte ich wissen, daß ich nicht genau in diesem Moment in einer Irrenanstalt war und mir diese Reise nur einbildete? Die Antwort war: Ich wußte es nicht. Gedanken gingen mir im Kopf herum. Fragen führten zu immer neuen Fragen. Ich war froh, daß Seth da war. Ich versuchte, Seth davon zu überzeugen, daß ich nicht hypnotisiert war, weil ich die ganze Zeit wußte, was um mich herum vor sich ging, als meine Augen geschlossen waren. Seth wiederum versuchte, mich zu überzeugen, daß ich hypnotisiert war. Er sagte, er konnte das erkennen an der Art, wie meine Augen sich bewegten und anhand meines Gesichtsausdrucks und meiner Gefühle.

Nach dem Abendessen zogen Seth und ich uns zurück. Ich wußte, ich würde nicht gut schlafen können, so viel ging mir im Kopf herum, aber ich mußte es zumindest versuchen.

Kapitel 4

Der nächste Morgen kam schnell, und ich fühlte mich erschöpft. Ich hatte mich die ganze Nacht im Bett gewälzt und versucht, die Ereignisse des vorangegangenen Tages zu verdauen. Nach dem Frühstück trafen Seth und ich uns mit John und Grace zu meiner zweiten Hypnosesitzung. John stellte den Kassettenrekorder an. Wir besprachen, an was ich seit der Sitzung gestern abend gedacht hatte.

Zuerst erzählte ich John und Grace, daß ich mich gestern abend spät daran erinnerte, daß der Außerirdische, den ich als Kind in Gardendale gesehen hatte, mich an der Hand nahm, kurz nachdem wir den ersten Blickkontakt hatten. Er führte mich durch den Wald und zeigte gewisse kameradschaftliche Gefühle.

Dann erklärte ich, daß ich, als ich im Herbst 1989 zu meiner jährlichen gynäkologischen Untersuchung ging, zahlreiche blaue Flecken auf Armen und Beinen hatte und mir absolut nicht vorstellen konnte, wie die dahingekommen waren. Mein Gynäkologe schickte mich zu einem Labor, in dem verschiedene Tests durchgeführt wurden, aber die Ergebnisse brachten die Ursache für meine Flecken auch nicht ans Licht.

Als nächstes sprachen wir über den roten Fleck in meinem linken Augapfel. Er tauchte über Nacht auf, als ich noch ein Kind war und in Gardendale, Alabama, lebte. Mutter brachte mich zu einem Arzt. Der sagte, die Rötung komme wahrscheinlich von einer geplatzten Kapillare und wäre sicher in ein paar Tagen vorbei. Aber sie verschwand nie mehr und hat mich immer gestört. Dann erklärte ich, daß ich manchmal in dem Haus in Florence, Alabama, ein Geräusch hörte, als ob jemand atmete. Das Geräusch klang wie menschliches Atmen.

„Zu welcher Tages- oder Nachtzeit hörten Sie es für gewöhnlich?“ fragte John.

„Ich weiß es nicht mehr“, antwortete ich. „Laura und Kelly waren zu der Zeit lebhafte Kleinkinder. Wenn sich die Gelegenheit bot, ging ich ins Wohnzimmer, um mich auszuruhen. Ich hörte das Atmen unter dem Boden, wo ich saß. Das Fundament des Hauses war an der Stelle etwa ein Meter zwanzig hoch.“

„Wie lange ging das so?“ fragte Grace.

„Vier Wochen. Dann zogen wir nach Tuscaloosa. Ich sagte meinem Mann immer wieder, er solle reinkommen und sich das anhören. Er kam dann rein und sagte: ‚Ich höre überhaupt nichts.‘“

Grace fragte, ob mein Mann und ich unter dem Haus nachgesehen hätten, ob dort etwas war. „Das tat er“, antwortete ich, „aber er sah nichts.“

„Hmm“, sagte John. „Ich bezweifle, ob man da überhaupt etwas finden würde, etwa einen alten Mann, der da unten lebt.“

„Mike sagte mir immer wieder, das seien Erdhörnchen.“

„Erdhörnchen hört man aber nicht atmen“, sagte John. „Selbst wenn man sich sehr anstrengt, hört man sicher nichts.“

Nach diesem Einführungsgespräch war es Zeit, mit der Hypnose zu beginnen. Ich war äußerst nervös bei dem Gedanken, mich wieder einer Hypnose zu unterziehen, aber John konnte mir helfen, mich zu entspannen. Er lenkte meine Erinnerungen an den Zeitpunkt, als ich in der Nähe meines Bettes war, aber nicht drin.

Dann bat er mich, meine ersten Erinnerungen an dieses Erlebnis zu beschreiben. Ich begann mit der Beschreibung des Kreuzstichbildes, das über meinem Bett hängt. „Träum’ süß“ steht drauf, und es ist am Rand mit Bordüren geschmückt. Ich habe dieses Bild immer geliebt. Aber ich erinnerte mich nicht gerne an den Tag, den John mir angab, als ich in dem Schlafzimmer war, und so sprang ich einfach weiter zu dem Schlafzimmer in unserem vorherigen Haus in Florence, Alabama, und beschrieb das.

Ich erklärte, als wir in dem Haus lebten, hatte ich das Kreuzstichbild nicht. Statt dessen hatten wir kleine Fenster über dem Bett. Ich haßte diese Fenster, denn wenn wir sie öffnen wollten, mußten wir sie hinausdrücken statt nach oben schieben. Als nächstes erinnerte ich mich an das Bad, das mit dem Zimmer verbunden war und daß ich dort nicht gern reinging.

„Überprüfen Sie Ihre Gefühle“, sagte John. „Versuchen Sie, ob Sie sich an den Grund dafür erinnern können, warum Sie da nicht gern reingingen.“

„Weil mich da immer jemand beobachtet“, antwortete ich. „Sind Sie jemals nachts aufgestanden und ins Bad gegangen?“ fragte John. Ich nickte. „Okay“, sagte John. „Haben Sie je bei Nacht aus dem Fenster gesehen?“

„Nein, ich wollte das Licht nicht anmachen.“ „Was würde denn passieren, wenn Sie das Licht anmachen?“

„Ich wäre nicht ängstlich gewesen, wenn ich das Licht nicht anmachte.“

„Hmm. In Ordnung. Okay. An was denken Sie jetzt?“ fragte John.

„Ich mußte in die Küche gehen und etwas Wasser holen.“

„Malen Sie sich aus, wie Sie in die Küche gehen“, wies John mich an. „Ist es nachts?“ Ich nickte.

„Okay", sagte John. „Malen Sie sich aus, wie dunkel es im Haus ist. Malen Sie sich aus, wie Sie sich dorthin vortasteten und stolperten, wie vorsichtig Sie waren. Jetzt kommen Sie in der Küche an. Beobachten Sie, was Sie tun."

Ich erinnerte mich, wie ich den Drang verspürte, nach draußen zu gehen zu der Tür, die zum Autoabstellplatz führte.

„Ich möchte zur Tür rausgehen." erklärte ich.

„Warum?" fragte John.

„Aber ich weiß nicht, warum."

„Nun, dann beobachten wir mal, was geschieht."

Nach einer langen Pause fragte John: „Was geschieht als nächstes?"

Ich erinnerte mich daran, wie unglaublich ruhig es war. Ich erinnerte mich nicht, wie ich zur Tür hinausging, stand aber jetzt plötzlich im Garten, wo ich einen Lichtstrahl und ein Raumschiff sah. Ich fühlte mich gezwungen, in das Raumschiff hineinzugehen. Plötzlich fand ich mich auf einer Plattform liegend in dem Raumschiff wieder. Wie ich so auf der Plattform lag, standen etliche kreidefarbene Kreaturen mit riesigen, schwarzen Augen um mich herum. Einer wandte seinen Kopf um und sah mich an. Ich bemerkte, daß er einen langen, dünnen Hals hatte. Ich lag still, ruhig und ohne Angst da, als die Kreaturen an mir gynäkologische Prozeduren vornahmen. Ein Wesen, das für alles verantwortlich zu sein schien, stand auf der anderen Seite des Raumes und führte Labortests durch. Ich stellte fest, daß der Raum rund und extrem hell war, aber ich konnte mich nicht erinnern, eine Lichtquelle gesehen zu haben.

„Fühlt sich das wie ein Traum an?" fragte John.

„Die Wesen waren da" antwortete ich sachlich. Dann erinnerte ich mich, daß ein Wesen etwas mit meinem rechten Ohr machte, was an zwei Stellen Schmerzen verursachte, direkt hinter dem Ohr und darin. Ich fühlte ein Stechen, als ob etwas eingeführt würde. Ich erinnerte mich an kaum etwas anderes als daran, daß ich tief in die Augen der Wesen sah und fühlte, daß sie versuchten, mich zu trösten.

„Was ist das nächste, an das Sie sich erinnern, nachdem Sie aus diesem Raum wieder draußen waren?" fragte John.

„Ich bin wieder in der Küche."

„Okay. Sind Sie einfach nach Hause gegangen, oder wie sind Sie in die Küche gekommen?"

„Ich weiß es nicht."

„Okay. Und was wissen Sie?"

„Ich hole mir etwas Wasser und gehe wieder ins Bett."

„Das ist ja ein verrückter Abstecher in die Küche!" bemerkte John. Da ich mich bei diesem Erlebnis an nichts weiter erinnern konnte, sagte mir John, ich solle mich darauf konzentrieren, wie ich in einer Art Licht über meinem Bett schwebte. Er sagte, ich solle mir das Haus vorstellen, in dem ich zu der Zeit gelebt hatte und über welchem Bett das Licht war. „Es war über meinem Bett in Craston", erwiderte ich. John wies mich an, zeitlich einen Schritt zurückzugehen und zu sehen, was geschah und wo ich war, bevor ich über meinem Bett schwebte. Ich erinnerte mich, daß ich in einem Feld stand und ein Raumschiff sah, das rechts von einem großen Baum in der Luft schwebte. Ich sah, wie ein weißer Lichtstrahl auf mich zukam und mich einhüllte. Ich konnte mich in dem Licht nicht bewegen. Ich konnte mich bei diesem Erlebnis an nichts weiteres erinnern.

„Dann lassen Sie Ihren Gedanken jetzt freien Lauf", sagte John, „und finden Sie heraus, was Sie so berührt hat, daß Sie blaue Flecken bekamen."

„Ich sehe immer das Wesen", antwortete ich. „Und wo sind Sie, wenn Sie das Wesen sehen?"

„Ich weiß es nicht. Es will nicht, daß ich es weiß."

„Es will nicht, daß Sie was wissen?" fragte John.

„Es will nicht, daß ich mich erinnere", antwortete ich.

„Tut es etwas, damit Sie sich nicht erinnern?"

„Ich weiß es nicht. Es schaut mich immerzu mit diesen Augen an."

„Sie sind sich nicht sicher, nicht wahr?" fragte John. „Es hat alles damit zu tun, daß Sie sich nicht erinnern sollen. Wenn wir über blaue Flecken reden, dann sehen Sie das Wesen. Die wollten nicht, daß Sie sich erinnern, wie Sie die Flecken bekamen."

„Nein, die wollen nicht, daß ich mich daran erinnere." Da ich mich an nichts weiter erinnern konnte, brachte mich John an diesem Punkt aus der Hypnose.

„Wann hatten Sie diese Beschwerden im Ohr?" fragte John.

„Nun, die wurden erst richtig schlimm, als ich nach Craston zog. Aber das erste Mal, daß ich überhaupt Beschwerden im Ohr hatte, war in Florence."

„Als Sie in Florence waren. Nun, die Zeit, an die Sie sich in der Hypnose erinnerten, war das in Florence?"

„Mh-mh."

„Volltreffer!" sagte John. „Und Sie sagten, diese Schmerzen seien eine Allergie auf Kopiergeräte, nicht wahr?"

„Ja." Alle anderen im Zimmer lachten.

„Worüber lacht ihr?"

„Ich habe sowas noch nie gehört", antwortete John. „Auch der Arzt, mit dem Sie sprachen, hatte noch nie davon gehört."

„Nun, das heißt noch gar nichts", sagte ich. „Ärzte wissen auch nicht alles."

Es war ganz offensichtlich, daß John glaubte, daß die Schmerzen, die ich im rechten Ohr spürte, das Ergebnis der Prozeduren der Außerirdischen waren. Ich konnte wohl sagen, meine Versuche, ihn davon zu überzeugen, daß die Beschwerden von der Tinte in Kopiergeräten herrührten, waren gescheitert. Da wir an einem toten Punkt angekommen waren, wechselte John das Thema. „Es gab da eine Stelle in Ihrem Garten, die rund und irgendwie verändert war. In welchem Haus war das?"

„Ich glaube, das war in Tuscaloosa, aber ich bin mir nicht sicher", antwortete ich.

„Nun, beschreiben Sie die Stelle – was geschah damit, wie sah sie aus?" verlangte John.

„Es war ein vollkommen runder Kreis braunen, toten Grases. Überall drumherum war das Gras grün."

„Wie groß im Umfang würden Sie schätzen?" fragte John.

Ich beschrieb einen Kreis mit meinen Armen, um die Größe zu demonstrieren.

„Oh, also etwa sechzig Zentimeter Durchmesser?" fragte John.

„Ja, nicht sehr groß." antwortete ich.

„Wie lange dauerte es, bis der Kreis wieder nachgewachsen war?"

„Er wuchs nie nach, so lange wir da lebten."

„Nun, Sie wissen doch was!" sagte John. „Finden Sie das nicht ein bißchen seltsam?"

„Ja, natürlich." antwortete ich. „Ich habe mich immer gefragt, was das wohl war."

„Wir wissen, sie soll sich an nichts erinnern." fügte Seth hinzu.

„Oh, ja", sagte John, „das kann sich mit der Zeit aber ändern. Und es kann auch wieder in Träumen durchsickern. Denn das ist ein Zeitpunkt, wo wir in Ruhe sind, wo unsere Abwehrmechanismen nicht reagieren, und so kommt das, was tief in uns sitzt, unsere Gefühle und unsere Gedanken, an die Oberfläche. Wäre es nur ein hübscher kleiner Traum, dann würde das ganz anders klingen als dieses Zeug. Denn das hier ist in vieler Hinsicht wirklich langweilig. Es fehlt diesen Bildern an Kreativität und Vielfältigkeit. Besonders dann, wenn Tausende von Leuten genau dasselbe berichten – bis zur Farbe der Haut, dem Gewebe und den Augen. Alle sprechen immer wieder von den Augen. Und das ist das Wichtigste, auf das man sich immer konzentriert – diese Augen."

„Anscheinend kommt es von den Augen, daß man sich an nichts erinnert", erklärte Grace. „Etwas ist mit den Augen. Es ist wie Hypnose."

„Ja, das ist es wirklich", fügte John hinzu. „Außer natürlich, daß sie nicht so nett sind wie ich."

Es war eine lange Sitzung geworden, und wir brauchten alle eine Pause. Wir kamen überein, uns nach dem Essen wieder im Büro zu treffen. John spürte mit scharfem Sinn, daß ich geistig zu überfordert war, um noch eine Hypnosesitzung durchzustehen und schlug vor, daß wir an diesem Abend einfach ein paar Videos ansehen sollten. Es fiel mir sehr schwer, die Vorstellung zu akzeptieren, daß ich die drei Begegnungen mit Außerirdischen wirklich erlebt hatte, die in den Hypnosesitzungen ans Licht gekommen waren. Darüber hinaus wollte ich immer noch nicht glauben, daß ich wirklich hypnotisiert worden war. Ich dachte, mein Gehirn spielte mir einen Streich, oder aber ich war wirklich geisteskrank. Ich spürte, John wollte, daß ich die Videos ansah, damit ich die Realität der Entführungserlebnisse akzeptieren und zugeben konnte, daß ich wirklich hypnotisiert worden war.

Die Videos, die wir an jenem Abend ansahen, waren die zweier Frauen, die sich unter Hypnose an Entführungserlebnisse erinnerten. Ich staunte. Ihre Erlebnisse waren den meinen so ähnlich. Die Kreaturen, die sie beschrieben, waren genau wie die, die ich gesehen hatte. Die Frauen hatten auch einen Lichtstrahl gesehen. Konnte das bedeuten, daß meine Erlebnisse echt waren? Oder hieß das einfach, daß es noch mehr Leute gab, die dieselbe Art Geisteskrankheit hatten? Und was, wenn meine Erlebnisse echt waren?

Für gewöhnlich schlief ich nur in Slip und Strümpfen. Vielleicht hatte mich ja jemand praktisch nackt gesehen, wenn ich in ein Raumschiff gebeamt wurde. Der Gedanke war mir peinlich. Diese und andere Gedanken wühlten mich den ganzen Abend und den größten Teil der Nacht auf.

Am Montag trafen Seth und ich uns mit John nach Feierabend zum Abendessen. Ich war emotional zu ausgelaugt um zu Essen. Wir drei unterhielten uns eine Weile. Dann sagte John Seth und mir, daß er ein Treffen mit Paula vereinbart hatte, einer Frau, die viele Male von Außerirdischen entführt worden war. Nun sollte ich also einen echten Menschen treffen, der behauptet, außerirdische Wesen gesehen zu haben!

Wir kamen vor Paula im Büro an. Als sie ins Zimmer kam, ging sie auf mich zu und umarmte mich herzlich. Das hatte ich gebraucht. Diese Geste sagte, sie verstand alles, was ich fühlte.

Paula erzählte mir von ihren eigenen Begegnungen, aber John hatte sie zuvor angewiesen, mir nicht zuviel zu erzählen, weil er nicht wollte, daß ich „angesteckt" würde. Er wollte sicher gehen, daß das, was in künftigen Hypnosesitzungen herauskam, das Ergebnis meiner eigenen Erinnerungen und Erlebnisse war und nicht etwas, was ich von jemand anderem gehört hatte. Das war sinnvoll. Sie erzählte mir jedoch genug, um mich zu überzeugen, daß sie wirklich von Außerirdischen entführt worden war. Ein paar der Erlebnisse, die sie mir mitteilte, ähnelten den meinen, und da auch die Videos, die wir am Abend zuvor gesehen hatten, ähnliche Erlebnisse enthielten, fing ich langsam an zu glauben, daß meine Begegnungen mit Außerirdischen echt waren. Schließlich saß hier jemand vor mir, der in jeder Hinsicht normal erschien. Jemand, der ehrlich schien und mit beiden Beinen fest auf dem Boden stand, aber sehr intelligent war. Und religiös. Diese Eigenschaft war mir wichtig. Ich hatte mich gefragt, wie das Außerirdischen-Phänomen in das Konzept passen sollte, das mir in meiner südstaatlich-baptistischen Erziehung mitgegeben worden war. Mehr als ein Mal war mir der Gedanke gekommen, daß die Außerirdischen vielleicht Dämonen waren, die kamen, um mich zu verhöhnen.

Ich hörte Paulas Berichten fasziniert zu. Ich hätte ihr die ganze Nacht zuhören können. Aber an einem bestimmten Punkt mußte das Treffen zu einem Ende kommen. Es war Zeit, sich zu verabschieden. Seth und ich mußten am nächsten Morgen nach dem Frühstück nach Hause fahren, und ich wußte nicht, wann ich John, Grace oder Paula wiedersehen würde. Ich wollte nicht gehen. Sobald ich dieses Büro verließ, würde ich mich alleine mit dieser neuen Welt auseinandersetzen müssen. Ich wußte nicht, ob ich das konnte.

John mußte meine Angst vor der Isolation gespürt haben. Er schlug vor, ich solle ihm regelmäßig Briefe schreiben. Er erklärte, es gebe dafür zwei wichtige Gründe. Erstens wäre es für mich von therapeutischem Nutzen, meine Frustration auf dem Papier loszuwerden. Zweitens wäre John kontinuierlich über meine Erlebnisse auf dem laufenden und wir bräuchten nicht wertvolle Zeit damit verschwenden, sie zu besprechen, wenn ich zu weiteren Sitzungen wieder nach Springfield käme. Ich versprach John, ich würde wahrscheinlich mehr schreiben, als er überhaupt lesen wolle, dann umarmten mich John und Paula und sagten Seth und mir auf Wiedersehen.

Ich konnte die Tränen kaum zurückhalten. Als wir zum Hotel zurückfuhren, sagte Seth, er wisse, es fiele mir schwer, nun wieder ohne die Unterstützung, die ich in Springfield erfahren hatte, zu leben. Guter alter Seth. Im stillen dankte ich Gott, daß Seth gerade jetzt bei mir war.

Kapitel 5

Am Dienstag, den 12. März, fuhren Seth und ich zurück nach Craston. Wieder sangen wir zu Seths Kassetten der Nitty Gritty Dirt Band, aber diesmal nicht ganz so eifrig. Während eines großen Teils der Fahrt schwiegen wir. Ich dachte an das, was wir in Springfield erfahren hatten, und ich vermutete Seth auch.

Wir kamen spät in Craston an, Seth verbrachte die Nacht bei uns und fuhr am nächsten Morgen nach Hause. Den Rest der Woche verbrachten Kelly und Laura die meiste Zeit bei Freunden und ließen mich mit meinen Gedanken allein.

Tagelang wanderte ich ziellos im Haus umher und brachte nichts zu Ende. Bevor ich nach Springfield gefahren war, hatte ich Mike versprochen, ich würde unsere Steuererklärung vorbereiten, sobald ich zurückkäme. Aber nun konnte ich mich einfach nicht darauf konzentrieren. Ich wußte, ich mußte mich zusammenreißen; ich konnte aber weder die Energie noch die Motivation dazu finden. Ich fühlte mich fast wie in einem Schockzustand.

Mike kam am Freitag abend nach Hause und fragte, ob ich die Erklärung fertig hätte. Er wollte wissen, wieviel Geld wir aufnehmen mußten, um das Finanzamt zu bezahlen. Als ich sagte, ich hätte noch gar nicht an der Erklärung gearbeitet, fuhr er mich an. Ich brach sofort in Tränen aus, weinte stundenlang und schlief schließlich vor Erschöpfung ein.

Am Samstag morgen fühlte ich mich viel besser, konnte aber nicht verstehen, warum ich mich am Abend zuvor so aufgeregt hatte. Es wäre berechtigt gewesen, wenn ein Familienmitglied oder ein enger Freund gestorben wäre oder eine unheilbare Krankheit bekommen hätte. Aber warum sollte ich mich so sehr über Begegnungen mit Außerirdischen aufregen? Die Kreaturen wollten mich nicht erschrecken; die medizinischen Prozeduren, die sie durchführten, schienen auch nicht schlimmer als die menschlicher Ärzte. Warum also so aus der Fassung geraten, wenn es dazu doch keinen Grund gab? Ich hatte keine Angst davor, wenn die Kreaturen mich wieder besuchen kämen. Im Gegenteil, ich wollte sogar, daß sie wieder kämen. Ich erinnerte mich an die Kameradschaft, die ich als Kind empfunden hatte, als das Wesen mich beruhigte, mich bei der Hand nahm und durch den Wald führte. Ich fragte mich, wo das Wesen jetzt war. Ich wollte mehr von diesen Wesen und von ihren Gründen für diese mysteriösen Besuche erfahren. Ich wollte ihnen wieder in die Augen sehen und mit ihnen kommunizieren. Und ich wollte mich bewußt an die Erlebnisse erinnern.

Weil aber so viel von der bewußten Erinnerung abgekapselt worden war, stellte ich doch manchmal die Realität der Entführungen durch Außerirdische in Frage. Ich sagte mir, es könne andere Erklärungen geben. Es könnten Halluzinationen sein. Es könnte ein Symptom einer Geisteskrankheit sein. Es könnte ein ungewöhnlicher Traum sein. Oder es könnte ein Phänomen sein, von dem ich nichts wußte. Aber eines wußte ich – das Phänomen war wichtig genug, um es weiter zu erforschen. Ich konnte es nicht länger von mir schütteln und vergessen.

Mike und ich verbrachten die meiste Zeit an dem Wochenende damit, diese Gedanken zu diskutieren und den Effekt, den das Phänomen auf unsere Familie hatte.

„Wie können wir uns leisten, diese Sache weiter zu verfolgen?" fragte Mike.

„Hast du irgendeine Vorstellung davon, wie lange es dauern wird, bis du deine Antworten gefunden hast und was es kosten wird? Ist dir nicht klar, daß Laura in einem Jahr ins College gehen wird und wir immer noch unsere eigenen Studiendarlehen abzahlen müssen? Und bitte bedenke, in drei Jahren werden wir zwei Kinder im College haben."

Ich sagte Mike, ich wisse ja, daß er recht habe, aber ich müsse einfach dieses Thema weiter erforschen. Ich sagte ihm auch, daß ich mich die meiste Zeit beobachtet fühlte und daß ich hoffte, daß niemand mich gesehen hatte, wenn ich aus dem Haus gebeamt wurde und nur Slip und Strümpfe anhatte.

Im weiteren Verlauf des Wochenendes gab Mike mir ein Geschenk. Ich schaute ihn überrascht an und fragte mich, warum er mir ein Geschenk machte, wenn es keinen Anlaß dazu gab.

„Mach es auf", sagte er. Drinnen waren drei süße neue Nachthemden. „Ich kann meine Frau doch nicht durch Craston beamen lassen, wenn sie nicht passend angezogen ist", sagte Mike.

Es tat gut Humor zu spüren in einer Situation, die unser Leben drastisch veränderte. Wir brauchten ihn auch, damit wir mit den seltsamen Dingen umgehen konnten, die geschahen.

Einige dieser Dinge waren elektrischer Natur. Nachdem ich aus Springfield zurückkam, hatte ich Schwierigkeiten bei Ferngesprächen. Wenn Mike und ich einander anriefen, hörten wir Rauschen in der Leitung oder andere Telefone, die leise im Hintergrund läuteten. Wenn Mutter anrief, beklagte sie sich, meine Stimme klänge, als käme sie aus einem tiefen Loch, und wir hörten ständig Piepser in der Leitung. John hatte mir vorgeschlagen, mit einer Entführten Kontakt aufzunehmen, und ich rief sie an. Er hatte das Gefühl, ich sollte mir ihre Erlebnisse mit Leuten anhören, die anscheinend Agenten waren. Kurz nachdem wir angefangen hatten zu reden, hörten wir ein fast ohrenbetäubendes Klicken in der Leitung, dem ständig weitere folgten, als ob jemand versuchte, uns zu trennen.

„Offensichtlich möchte jemand nicht, daß wir miteinander sprechen", sagte ich. „Wenn wir unterbrochen werden, kann ich Sie auf einer meiner anderen Leitungen zurückrufen. Wenn das auch nicht funktioniert, rufe ich Sie aus einer Telefonzelle an." Da hörte das ärgerliche Klicken auf und wir hörten nur noch ein leises Brummen in der Leitung.

Wir hatten weiterhin Probleme mit unserer Alarmanlage. Gelegentlich gab sie zu verschiedenen Nachtzeiten seltsame, pfeifende Geräusche von sich. Manchmal war die Alarmanlage an, wenn das Geräusch kam, manchmal war sie aus. Die Herstellerfirma konnte keine Erklärung für die Fehlfunktionen finden.

Am 31. März verbrachte ich etliche Stunden am Computer und schrieb ein Band meiner Hypnosesitzungen ab. Bevor ich das Dokument speicherte, fiel der Strom für einen kurzen Moment aus, und meine Arbeit war verloren. Am nächsten Tag erfuhr ich von meinen Nachbarn, daß deren Strom nicht ausgefallen war. Ich hörte auch gelegentlich ein Piepen, ähnlich Morsezeichen, wenn ich mich abends ins Bett legte. Daß ich diese Geräusche hörte, frustrierte mich, weil Mike behauptete, er könne sie nicht hören. Ich konnte nicht feststellen, woher sie kamen, oder warum ich sie nur im rechten Ohr hörte.

Etliche Tage lang tat mir mein rechtes Ohr schrecklich weh, und zwar an denselben Stellen, an denen ich auch das unangenehme Gefühl verspürt hatte, als die Außerirdischen daran herumgefummelt hatten. Am 29. März fing mein linkes Ohr an, mir an denselben Stellen weh zu tun wie mein rechtes. Ich hatte noch nie zuvor Beschwerden in meinem linken Ohr gehabt und konnte daher nicht verstehen, was sie verursachte. Am 6. April wachte ich auf und fand einen Blutfleck an meinem linken Ohr.

Eine weitere Überraschung war ein Telefongespräch, das ich mit meiner Freundin Judith führte. Sie rief mich an, um die Ergebnisse meiner Reise nach Springfield zu erfahren. Ich erklärte, die Hypnosesitzungen hätten ergeben, daß meine Begegnungen mit Außerirdischen echt waren und offensichtlich schon in der Kindheit begonnen hätten, als ich in Gardendale die Raumschiffe sah. Judith zeigte keinerlei Anzeichen der

Überraschung oder des Unglaubens, ihre ruhige Antwort zeigte vielmehr, daß sie die Realität meiner Begegnungen bereitwillig akzeptierte.

Dann sagte ich ihr, daß Seth und ich in Springfield herausgefunden hätten, daß die Regierung die UFOs aktiv, aber im geheimen erforschte.

„Wie hast du denn das herausgefunden?!“ fragte Judith. Die plötzliche Veränderung in Judiths Ton schockierte mich. Ich spürte, ich war wohl irgendwie auf verbotenes Gebiet vorgedrungen und wechselte hastig das Thema. Aber aus Gründen, die ich nicht verstehen konnte, verspürte ich eine gewisse Spannung während des Rests unseres Gesprächs.

Nachdem wir aufgelegt hatten, dachte ich über unser Gespräch nach. Ich fragte mich, warum das, was ich über die Ermittlungen unserer Regierung über UFOs erfahren hatte, Judith so sehr verärgerte. Verstand sie meinen Kommentar als persönliche Beleidigung, da ihr Mann in der Air Force war? Ich war mir nicht sicher; ihre Reaktion verblüffte mich.

Ein weiteres seltsames Ereignis spielte sich am Montag, dem 18. März ab, meinem ersten Tag bei der Arbeit nach den Frühjahrsferien. Ich unterrichtete von 9 bis 12 Uhr. Dann holte ich mir in einem Drive-In-Restaurant einen Cheeseburger und fuhr zur Universität zurück, damit ich Examensarbeiten korrigieren konnte, während ich aß. Als ich zum Campus zurückkam und meinen Wagen parkte, fiel mir auf, daß das der einzige Wagen war, der zu sehen war. Aber es war nicht ungewöhnlich, daß die Straße zur Mittagszeit verlassen war. Ich ging in mein Büro und fing an, die Examensarbeiten zu korrigieren. Als ich meinen Cheeseburger aufgegessen hatte, erinnerte ich mich, daß ich einen Geschäftsbrief vorne im Wagen liegen gelassen hatte, und ich beschloß, ihn in den Briefkasten auf dem Campus zu werfen. Ich ging ihn holen. Kaum draußen, sah ich einen Mann, der durch das Beifahrerfenster meines Wagens schaute.

„Was macht der da?“ fragte ich mich. Ich schaute mich um, um zu sehen, ob noch etwas verdächtig aussah. Einen Moment später sah mich der Mann.

„Was mache ich jetzt?“ fragte ich mich. „Er sieht zu gut angezogen aus für einen Autodieb. Soll ich auf ihn zugehen und ihn fragen, was er da macht? Und was, wenn er eine Waffe hat? Soll ich den Wachdienst rufen?“

Ich wußte nicht, was ich tun sollte. Ich beschloß, die Gelegenheit wahrzunehmen und mir den Brief herauszuholen, wie ich es geplant hatte. Als der Mann sah, wie ich auf meinen Wagen zuging, schaute er nicht mehr hinein, ging auf die andere Seite und tat so, als suche er etwas im Gras. Die ganze Zeit beobachtete er mich dabei aus dem Augenwinkel. Auch ich beobachtete ihn sorgfältig, als ich meinen Wagen aufschloß, einstieg und den Brief holte.

Der Brief lag unter einem weiteren, den ich an John Carpenter geschrieben hatte. Seine Adresse zeigte nach oben. Ich sah mich im Auto um, um festzustellen, ob irgendetwas drin wäre, das jemanden interessieren könnte, der daran vorbeiging. Eine Karte von Missouri war das einzige, was noch zu sehen war.

Bei verschlossenen Türen saß ich etliche Minuten lang im Auto und sah den Fremden an. Ich bemerkte, daß der Mann mich immer noch beobachtete. Plötzlich bemerkte ich einen Pickup, der vor meinem Wagen parkte. Es war mir klar – der mußte dem Mann gehören. Ich merkte mir sofort die Nummer. Als ich mich darauf konzentrierte, ging der Mann schnell zu dem Pickup, warf ein langes, dünnes Werkzeug hinten auf, stieg ein und brauste davon.

Ich wunderte mich über die Situation. Vielleicht interessierte den Mann ja wirklich nur etwas im Gras, warum schaute er aber dann durch das Fenster meines Wagens? Und was wollte er mit dem langen, dünnen Werkzeug?

Während ich das Nummernschild studiert hatte, war mir aufgefallen, daß auf dem Pickup keine Parkmarke der Universität war; das Fahrzeug gehörte offensichtlich nicht einem Mitglied einer Fakultät, des Personals oder einem Studenten. Und außerdem, da die Universität klein ist, kannte ich sie fast alle. Aber ich hatte den Mann noch nie zuvor gesehen.

Ich hatte ihn mir genau angesehen. Er hatte kurzes Haar und war von sehr schlanker Statur, sah aber kräftig aus. Er trug graue Hosen, ein blaues Hemd und eine Krawatte.

Am nächsten Tag fuhr ich beim Rathaus vorbei und wollte sehen, ob ich etwas über den Besitzer des Fahrzeugs erfahren konnte. Ich erfuhr seinen Namen und seine Adresse. Das Fahrzeug war auf einen Mann gemeldet, der in einer Stadt lebte, die ich nicht kannte. Als ich nach Hause kam, suchte ich sie auf der Karte. Sie war etwa zweihundertfünfzig Meilen von Craston entfernt. Ich fragte mich, warum ein Mann, der so weit weg lebte, um mein Auto herumschnüffelte. Dann bemerkte ich, daß seine Stadt in der Nähe eines Testgeländes der NASA lag. Ich konnte nicht umhin, mich zu fragen, ob der Mann dort arbeitete.

Meine Erinnerungen fielen auf den Abend zurück, an dem die Männer meine Familie in dem Restaurant beobachtet hatten und dann zu dem Tag in meinem Büro, als ich dachte, der junge Mann wolle mich vergewaltigen. Diese Männer hatten dieselbe Erscheinung wie der Mann, der sich für mein Auto interessierte: kurzes Haar, einen schlanken Körper, attraktive Kleidung – Kennzeichen, die nicht unbedingt zum Durchschnittsmann aus Craston gehörten. Könnte zwischen diesen Männern eine Verbindung bestehen?

Etliche Tage später kam Mike von der Arbeit nach Hause und sagte mir, eine Angestellte hätte ihm zugeflüstert, sie wisse nicht, ob es im Interesse der Gesellschaft läge, ihn noch weiter zu beschäftigen, wenn das FBI gegen ihn ermittle. Wir fragten uns, warum das FBI gegen Mike ermitteln sollte, wenn er doch nichts mit irgendwelchen fragwürdigen Aktivitäten zu tun hatte. Wir konnten uns keinen anderen Grund vorstellen, als mein jüngstes Interesse an Außerirdischen. Die verwirrenden Ereignisse beunruhigten mich zusehends mehr, und ich hoffte, das würde aufhören. Das tat es aber nicht. Während des Frühjahrsemesters hatte ich Montag abends eine Klasse auf der Air Force-Basis unterrichtet. Am 29. April kam unmittelbar nach dem Unterricht Ginger Pugh (Pseudonym) an meinen Schreibtisch und gab mir etwas.

„Mein Mann sagte, das solle ich Ihnen geben."

„Was ist das?" fragte ich.

„Ein Stück des Space Shuttle Endeavour."

„Oh", sagte ich und sah es mir an.

„Warum schickt mir Ihr Mann das?"

„Das weiß ich nicht", antwortete sie. „Er bat mich einfach nur, Ihnen das zu geben."

„Okay", sagte ich. „Sagen Sie ihm danke."

Ich kannte Gingers Mann nicht, und ich war mir auch nicht sicher, ob ich ihm je begegnet war. Warum sandte er mir dieses Stück? Zuhause angekommen suchte ich in der Telefonliste der Klasse nach Gingers Nummer und wählte sie. Ich wußte nicht, was ich ihrem Mann sagen sollte, wenn er abnähme, so kam ich einfach gleich zur Sache. Ich sagte, ich riefe an, um mich für das Stück zu bedanken, aber ich wisse nicht, warum er es mir geschickt habe. Er sagte, Ginger habe mein Unterricht so sehr gefallen, daß er mir ein Unterpfand ihrer Wertschätzung überreichen möchte.

„So ein Quatsch!" dachte ich.

Er fügte hinzu, als weiteres Zeichen des Dankes wolle er mir gerne das Shuttle zeigen, wenn es auf die Air Force-Basis käme. Und ich könnte Fotos davon machen! Er sagte, er würde mich anrufen, wenn das nächste Shuttle käme. Ich wußte nicht, was ich sagen sollte, dankte ihm nur noch einmal und legte auf. Seine Absichten kamen mir verdächtig vor. Ich konnte nicht glauben, daß seiner Frau mein Buchhaltungsunterricht so gut gefiel. Sie bekam mit Mühe die Note 3. Und außerdem, wenn ihr mein Unterricht so gut gefiel, warum gab sie mir dann nicht selbst ein Geschenk? Und warum hatte das Geschenk mit dem Weltraum zu tun? Ich schloß, daß das Stück eine Art Botschaft sein mußte, aber ich verstand nicht, was es bedeutete oder auf wessen Befehl es geschickt wurde.

Captain Pugh rief mich am Sonntagabend, den 5. Mai, an und lud mich ein, das neue Space Shuttle Endeavour zu besichtigen, das am nächsten Tag auf dem Stützpunkt landen sollte. Er betonte, daß es sehr wichtig sei, daß ich niemandem erzählte, daß ich dort hinginge, denn die Einladung gelte nur mir allein. Etliche Male sagte er mir, ich solle unbedingt meine Kamera mitbringen, damit ich Fotos machen könnte.

„Warum erhalte ich so eine besondere Einladung?" dachte ich. „Und warum wird mir erlaubt, alle Fotos zu machen, die ich machen will? Ich bin ein einfacher Mensch, nur eine Buchhaltungslehrerin, ein Niemand. Irgendetwas stimmt da doch nicht."

Ich hatte das Gefühl, es wäre ein Fehler, wenn ich allein mit Captain Pugh dort hinginge, aber ich wollte nicht, daß er merkte, daß mir seine Motive nicht geheuer waren. Ich sagte ihm, ich würde das Shuttle wirklich gerne besichtigen, aber ich wäre für Montag schon voll ausgebucht, weil ich Abschlußprüfungen abnehmen mußte. Er antwortete, er könne mich auch am Dienstagmorgen hinbringen, bevor das Shuttle nach Florida weiterflog. Ich sagte ihm, ich müsse erst in meinem Terminkalender nachsehen, und ich würde ihn am Montagabend nach dem Unterricht anrufen, und ihm sagen, ob ich am Dienstagmorgen Zeit hätte.

Seine Hartnäckigkeit beunruhigte mich. Es war ganz klar, er war enttäuscht, daß ich ihm keine feste Zusage geben konnte, ob ich mit ihm die Endeavour besichtigen würde.

Mein Terminplan am Montag war hektisch, aber Judith überredete mich, eine Pause einzulegen und mich mit ihr zum Mittagessen zu treffen. Ich erläuterte zwar keine Einzelheiten, erwähnte aber, daß mich das offensichtliche Interesse der Air Force an mir ärgerte. Judith nahm eine verteidigende Haltung an. Sie bestand darauf, die Air Force habe die Erforschung der UFOs mit Projekt Blue Book eingestellt. Ich sagte ihr, ich wisse aber von etwas anderem. Wir stritten uns über das Thema. Ich verließ das Restaurant verärgert, daß Judith sich weigerte, mir zu glauben.

Im Laufe des Nachmittags fühlte ich mich schläfrig und schwach, und so war ich froh, daß ich an diesem Tag nur Examen beaufsichtigen statt Unterricht halten mußte. Und doch – wegen meiner Unterhaltung mit Captain Pugh – fürchtete ich mich, an diesem Abend auf den Luftwaffenstützpunkt zu gehen und das Examen zu beaufsichtigen.

Bevor ich ging, traf ich ein paar Vorsichtsmaßnahmen, nur für den Fall, daß die Air Force irgendetwas im Schilde führte. Ich nahm alles aus meiner Brieftasche außer meinem Führerschein und meinen Schlüsseln. Ich warf mein Aspirin und meine Antihistaminika raus, damit ich der Armee keinen Grund gab, mich wegen Drogenbesitzes zu verhören. Dann fragte ich einen meiner Studenten, ob er mich mitnehmen könnte, denn ich wollte nicht, daß man mir unvorschriftsmäßiges Fahren vorwerfen würde.

Während meine Studenten ihr Examen schrieben, las ich eine Zeitschrift. Von Zeit zu Zeit sah ich auf, um sicherzugehen, sie ließen ihre Augen nicht zum Papier des Nachbarn wandern. Als ich das letzte Mal aufsah, sah ich einen Mann in einer blauen Uniform im Flur stehen, der darauf wartete, daß ich nach draußen kam.

„Oh Gott", dachte ich. „Was will der Mann?"

Ich verließ das Klassenzimmer und stellte fest, daß der Mann ein Offizier der Air Force war. Er trug eine Art Funkgerät am Gürtel und den Namen „Pugh" auf dem Hemd.

„Geh'n wir", sagte er, ohne zu grüßen. „Geh'n wir jetzt, und schauen wir es uns an."

„Was anschauen?" fragte ich.

„Sie wissen schon, das Shuttle. Geh'n wir und schau'n wir's uns an."

„Ich kann doch meine Studenten nicht allein lassen, während sie ihr Examen schreiben."

„Sicher können Sie das", erwiderte er. „Die merken das gar nicht."

„Nein, das kann ich nicht", sagte ich. „Sehen Sie, ich finde es wirklich nett, daß sie mir eine private Besichtigung des Shuttles ermöglichen wollen. Aber ich kann jetzt nicht. Ich kann meine Studenten nicht allein lassen."

„Das merken die gar nicht", sagte er wieder.

„Ich würde ja wirklich gerne gehen, aber die schmeißen mich raus, wenn ich meine Studenten alleine lasse", sagte ich ihm.

„Wir brauchen nur etwa 20 Minuten", bohrte er weiter. „Und außerdem werden Ihre Studenten Sie nicht verpetzen, die merken das gar nicht."

„Ich schätze Ihr Angebot wirklich, aber wir werden die Sache auf ein anderes Mal verschieben müssen. Ich weiß, daß Shuttles oft hier landen, und so werde ich ein anderes Mal auf Sie zurückkommen. Ich möchte es wirklich nicht riskieren, daß die mich rausschmeißen."

„Wie wäre es dann mit morgen früh?" fragte er. Er wollte offensichtlich nicht aufgeben. „Das Shuttle soll um 6 Uhr abheben, aber ich kann es möglich machen, daß Sie es davor noch sehen können. Und vergessen Sie Ihre Kamera nicht, damit sie ein paar tolle Bilder davon machen können."

„Morgen früh kommen die Maler", erklärte ich. „Und da muß ich zuhause sein." Ich wollte nicht lügen. Am nächsten Morgen kamen wirklich Maler, aber ich wußte, die wären nicht vor 7 Uhr da.

„Nun, dann komme ich in etwa einer Stunde wieder. Dann haben Ihre Studenten ihr Examen beendet, und dann bringe ich Sie dort hin", sagte er.

„Ich kann nach dem Examen nicht, denn ich bin mit jemandem gekommen", erklärte ich.

„Nun, die Person kann mitkommen", sagte er.

„Und wie werden Sie den los?" dachte ich. Aber ich sagte: „Er muß gleich nach der Stunde nach Hause. Ich kann ihn nicht aufhalten. Aber ich schätze die Mühe wirklich sehr, die Sie sich machen, um das für mich hinzukriegen." Ich fragte mich, ob er mein Wortspiel mit dem Hinkriegen verstehen würde. Scheinbar nicht.

„Nun, es war gar nicht so viel Mühe", antwortete er. „Ich wußte, Sie würden sich für das Shuttle interessieren, da sie an einem Buch über Himmelsphänomene schreiben." Zu der Zeit schrieb ich überhaupt kein Buch, aber ich erinnerte mich an die Ausrede, die ich gegenüber meinen Studenten und Kollegen gebraucht hatte, als ich meine Reise nach Springfield in den Ferien erklären wollte.

„Wie kommen Sie drauf, daß das Buch, das ich schreiben will irgendetwas mit derlei Zeug zu tun haben könnte?" fragte ich.

„Ginger sagte, Sie hätten ein paar Studenten erzählt, Sie wollten ein Buch über Himmelsphänomene schreiben und die Regierung wollte nicht, daß die Öffentlichkeit viel über das Thema erfahre."

„Ich habe keinem einzigen Studenten irgendetwas über das Thema meines Buches erzählt!" betonte ich. Ich fragte mich, was der Mann vorhatte. Mike und Judith waren immer noch die einzigen Leute in Craston, mit denen ich über UFOs gesprochen hatte.

„Nun, Sie schienen sich so sehr für das Stück zu interessieren, das ich Ihnen geschickt hatte", erwiderte Captain Pugh und versuchte, sich dem Thema aus einer anderen Richtung anzunähern.

„Ja, nochmals danke schön", sagte ich. „Ich habe mich schon immer für Raumfahrt interessiert. Nun muß ich aber ins Klassenzimmer zurück, falls ein Student eine Frage zum Examen hat. Ich werde mir das Shuttle ein anderes Mal ansehen müssen." Ich ging ins Klassenzimmer zurück und dachte über unser Gespräch nach. War es ein Ausrutscher, daß Pugh das Thema meines Buches erwähnte, oder tat er es absichtlich? Was wollte er? Ich hatte seine Nervosität bemerkt, während wir uns unterhielten. Er trat von einem Fuß auf den anderen und rieb sich die Hände. Ich fragte mich, was wohl mit mir geschehen wäre, wäre ich mit ihm gegangen. Es fiel mir auf, daß es ihm gar nichts ausmachte, wenn ich meine Stelle verlöre. Es verärgerte mich, daß er meine Stelle derart in Gefahr bringen wollte. Sobald ich zu Hause angekommen war, rief ich Captain Pugh an, um herauszufinden, warum er so sehr wollte, daß ich mir das Shuttle ansah. Er ließ mich lange warten, bevor er mit mir sprach. Ich fragte mich, was er wohl in der Zeit machte. Warum rief er mich nicht einfach zurück, wenn er gerade so beschäftigt war? Schließlich kam er wieder ans Telefon, und ich erklärte ihm, warum ich anrief.

„Captain Pugh, ich möchte Ihnen nochmals für Ihre Einladung danken, aber bitte verstehen Sie, daß ich nicht einfach meine Klasse verlassen konnte."

„Ja, das verstehe ich", antwortete er. „Aber ich habe herausgefunden, daß Ende dieser Woche die Discovery hier sein wird. Ich weiß, dann werden Sie mit allen Examen fertig sein, dann haben Sie genug freie Zeit, sie sich anzusehen. Und bringen Sie Ihre Kamera mit. Sie werden tolle Fotos machen können."

„Okay, das mache ich. Aber eines möchte ich gerne wissen: Was hat Ihnen Ginger genau über das Thema meines Buches gesagt?"

„Ich weiß nicht, von was Sie reden", sagte er in aufgeregtem Ton.

„Aber heute abend haben Sie doch gesagt, Ginger habe berichtet, ich hätte einigen meiner Studenten erzählt, ich wolle ein Buch über Himmelsphänomene schreiben."

„So etwas habe ich überhaupt nicht gesagt", erwiderte er.

„Aber ja, das haben Sie. Erinnern Sie sich? Sie sagten, Ginger habe Ihnen erzählt, ich hätte vor, ein Buch über Himmelsphänomene zu schreiben, und die Regierung wolle nicht, daß die Öffentlichkeit viel darüber erfahre."

„So etwas habe ich nie gesagt", schnauzte er zurück.

„Nun, okay, dann muß ich Sie wohl mißverstanden haben", sagte ich.

Aber ich wußte, ich hatte ihn nicht mißverstanden. Warum leugnete Pugh dann seine Aussage jetzt so hartnäckig? Wurde unser Gespräch überwacht? Ich beschloß, etwas für die Aufzeichnungen zu sagen, nur für den Fall, daß dem so war.

„Ich möchte nur, daß Sie wissen, daß keiner meiner Studenten das Thema kennt, zu dem ich recherchiere. Das kann keiner wissen, es sei denn, mein Telefon wird abgehört oder jemand war in meinem Haus und hat meine Notizen gelesen."

Captain Pugh wechselte das Thema. Er sprach des lang und breit darüber, daß er gerne an der Universität, an der ich lehrte, Abendkurse halten würde. Er beendete unser Gespräch mit dem Versprechen, mich anzurufen, wenn das nächste Space Shuttle nach Craston käme. Am nächsten Tag erschien ein Artikel in unserer Zeitung, in dem betont wurde, daß die Wachen, die um die Endeavour postiert worden waren, automatische Waffen trugen und autorisiert waren, tödliche Gewalt anzuwenden. Die Worte ließen mich erschaudern. Ich mußte mich einfach fragen, ob die tödliche

Gewalt mir gegolten hätte und ob meine Todesanzeige vielleicht ein paar Seiten weiter in der Zeitung erschienen wäre. Ich war sehr froh, daß ich Captain Pughs Einladung nicht angenommen hatte, und ich hoffte, er würde nie mehr Verbindung zu mir aufnehmen.

Am 10. Mai erhielt ich weitere Informationen über den Mann, den ich am 18. März erwischt hatte, wie er um meinen Wagen herumschnüffelte. Er arbeitete in einem metrologischen Labor einer Abteilung der NASA, die für die Eichung der Geräte verantwortlich war, die zu den äußeren Tanks des Space Shuttles gehörten. Wohl kaum ein Autodieb, wie es schien!

Diese neue Information in Verbindung mit der scheinbaren Einladung der Air Force, die Endeavour zu besichtigen, ließ mich erschrecken. Aber sie erweckte auch meine Neugier. Warum zog ich so viel staatliches und militärisches Interesse auf mich? Wenn es an meiner Verbindung mit den Kreaturen etwas gab, was die Aufmerksamkeit dieser Behörden auf sich zog, dann mußte es sehr wichtig sein. Und trotz meiner Furcht beschloß ich, der Sache auf den Grund zu gehen.

Kapitel 6

Als Seth und ich zu meinen ersten Hypnosesitzungen in Springfield waren, sagte mir John Carpenter, ich solle nicht überrascht sein, wenn mir plötzlich Erinnerungen früherer Erlebnisse ins Bewußtsein kämen. Er erklärte, die hypnotische Regression löse manchmal längst vergrabene Erinnerungen aus. Ich mußte feststellen, daß das wahr ist. Ich hatte sofort Erinnerungsblitze an frühere Begegnungen mit Außerirdischen. Manchmal waren diese Blitze flüchtige Erinnerungen an einen winzigen Teil meiner Erlebnisse. Manchmal dauerten die Erinnerungsblitze länger und brachten größere Erlebnisbrocken zu Tage.

Ich erinnerte mich an die Farbe und die Größe der Teströhrchen, die die Außerirdischen verwendeten und an die Manöver der Raumschiffe, die ich in Gardendale sah, bevor zwei von ihnen davonsausten. Ich erinnerte mich an einen Lichtstrahl, der unten aus einem weiteren Raumschiff kam. Ich erinnerte mich, wie ich an einem unbekannten Ort war und das Mundstück, das mir mein Zahnarzt für die Nacht gegeben hatte, wieder einsetzte. Was mich an diesen Erinnerungen am meisten störte, war, daß ich wußte, daß es noch viel mehr gab, an das ich mich nicht erinnern konnte.

Mein Traum von dem Konferenzzimmer Ende Januar oder Anfang Februar kam mir oft in den Sinn. Ich wußte, etwas war sehr wichtig an diesem Konferenzraum, aber ich konnte mich nicht erinnern was.

Einige meiner Erinnerungen waren äußerst unerfreulich. Ich erhielt Hinweise darauf, daß mein Traum, ich hätte mit einem Geist Sex gehabt, überhaupt kein Traum war. Zuerst erinnerte ich mich nur, daß das Wesen einen Körper hatte und extrem häßlich war. Später sah ich kurz Bilder einer Kreatur, die einem Gremlin (Kobold) ähnlich sah, aber sie war viel größer und dünner. Ich konnte mich nicht an seine Hautfarbe erinnern, aber ich wußte, es war eines der häßlichsten Dinge, die man sich vorstellen konnte.

Ein Erinnerungsblitz kam, als Mike zu Hause war, kurz nachdem wir zu Bett gegangen waren. Mike hatte im Bad Licht angelassen. Ein Lichtstrahl schien in unser Schlafzimmer. Mike wandte sich mir zu. Plötzlich drehte er seinen Kopf so, daß das Licht in seinen Augen widerspiegelte. Ich kauerte mich zusammen, fing an zu zittern, drehte mich weg und brach in Tränen aus. Mir war nicht ganz klar, warum das geschah. Aber als das Licht in Mikes Augen schien, konnte ich einen kurzen Moment lang sehen, daß ich etwas Fürchterliches und Schreckliches erlebt hatte. Und ich wußte, es hatte mit so einer Kreatur zu tun. Danach war die Erinnerung so schnell wieder verschwunden, wie sie gekommen war.

Mike war sehr verständnisvoll. Er hielt mich im Arm und hörte geduldig zu, als ich versuchte zu erklären, was mir gerade im Kopf herumgegangen war. Aber es fiel mir schwer, weil ich es selbst nicht verstand.

Ich erinnerte mich nicht nur an Teile meiner Erlebnisse, ich hatte neue deutliche Träume über Außerirdische und Raumschiffe.

Einer ereignete sich in der Nacht des 29. März 1991. Ich wachte etwa um 3 Uhr morgens auf und sah ein helles Licht, das durch das Fenster meines Schlafzimmers schien. Ich war zu müde, um aufzustehen und nachzusehen, was es war. Ich sagte mir, es war vielleicht das helle Mondlicht, käme das Licht statt dessen aber von einem Raumschiff, dann sollten die Außerirdischen ruhig reinkommen und mich holen. Ich war bereit. Aber ich schlief bald wieder ein und träumte, die Außerirdischen versetzten Mike in Trance. Sie versuchten dasselbe mit mir, ich kämpfte aber dagegen an, denn ich wollte mich an alles erinnern. Die Außerirdischen hatten sich das aber anders vorgestellt. Sie ließen eine grüne Kugel ins Zimmer gleiten, um mich zu kontrollieren.

Zwei Nächte später träumte ich, ich wurde von einer großen Kraft aus dem Bett gezogen, einer Kraft wie der eines starken Magneten oder eines riesigen Vakuums. Ich raste durch die Luft und befand mich schließlich in etwas, was ich zuerst für ein Raumschiff hielt, das sich drehte. Als das Drehen aufhörte, sah ich, daß ich in einem Raum stand, der mit Antiquitäten dekoriert war. Ich sah ein Telefon auf einem Tisch und sagte mir, der Raum könne nicht in einem Raumschiff sein. Aber dann nahm mich ein Außerirdischer bei der Hand, führte mich in einen anderen Raum und deutete mir an, mich hinzulegen. In diesem Raum konnte ich nichts klar erkennen; es sah aus, als wäre er voll von dichtem Dunst oder Nebel. Ich konnte kaum die Umrisse der Kreaturen sehen, die darin umhergingen. Sie begannen, schmerzhafte gynäkologische Prozeduren an mir durchzuführen. Ich schrie sie an, sie sollten aufhören. Ein Außerirdischer sagte mir, es wäre alles in Ordnung, ich würde mich an nichts erinnern. Dann verlor ich das Bewußtsein. Später fand ich mich zuhause wieder, aber nicht in meinem Bett. Ich fühlte mich so erschöpft, daß ich nicht feststellen konnte, wo ich genau war. Es sah aus, als sei ich in Kellys

Zimmer oder in dem Gang davor. Am nächsten Morgen wachte ich in meinem eigenen Bett auf.

Beim Aufwachen spürte ich ein Brennen in meiner Scheide. Ich schob die Beschwerden auf die scharfe Pfeffersauce und die Geleebohnen, die ich am Tag zuvor gegessen hatte. Ich beschloß, solches Essen in Zukunft zu vermeiden, und hoffte, damit solche körperlichen Beschwerden und anstrengenden Träume zu verhindern.

Aber ich konnte das Gefühl nicht leugnen, daß Teile beider Träume realer waren als ein Traum. Ich kam zu dem Schluß, daß ich, falls es wirklich Außerirdische gebe, dann wahrscheinlich in diesen beiden Nächten im Schlaf entführt worden war.

Obwohl ich immer geglaubt hatte, daß es Außerirdische gibt, und daß sie die Erde besuchten, dachte ich doch nie, daß sie mich besuchen würden. Warum taten sie das? Weil ich an dem Tag in Gardendale zufällig draußen war und spielte? Schauten sie in dem Augenblick vom Himmel und sagten: „Guckt mal da unten sind ein paar Kinder. Kommt, wir holen uns eins.“ Wollten sie, daß wir sie im Wald suchen gingen? Warum gerade ich? Warum nicht Seth oder Philip oder Mr. Goode? Weil ich diejenige war, die sich in Richtung auf ihr Raumschiff zubewegte?

Ich wollte Antworten auf diese Fragen. Ich wollte wissen, warum ich die Aufmerksamkeit der NASA und der Air Force auf mich gezogen hatte. Ich beschloß, bei nächster Gelegenheit wieder zu weiteren Hypnosesitzungen nach Springfield zu gehen.

Kapitel 7

Am 16. Mai 1991 flog ich nach Springfield. Da ich mich nun bei John und Grace wohl fühlte, brauchte ich niemanden mehr zu meiner moralischen Unterstützung mitzubringen. Als ich auf dem Flugplatz ankam, rief ich das Hotel an, damit sie mir ihren Wagen schickten, der mich abholen sollte. Die Dame an der Rezeption erklärte, es habe bereits jemand angerufen und der Wagen sei schon auf dem Weg. Ich ging zu der Tür, bei der ich warten sollte und bemerkte einen Mann, der dort alleine stand.

„Warten Sie auf den Wagen des Hotels?" fragte ich.

„Ja", antwortete er.

Zum Zeitvertreib begann ich eine Unterhaltung mit dem Fremden. Ich fragte ihn, wo er herkäme und was ihn nach Springfield gebracht hätte. Er sagte mir, er sei Verkäufer aus Nashville und sei in Springfield zu einem Vorstellungsgespräch für eine Stelle in einem Sportgeschäft.

„Was hat Sie hierher gebracht?" fragte er.

„Ich bin hier, weil ich wegen ein paar persönlicher Erlebnisse recherchieren will."

„Über Außerirdische?" fragte er.

Ich war baff. Wie kam ein Fremder dazu, mich zu fragen, ob meine Recherchen mit Außerirdischen zu tun hätten?

„Ja, Sie haben recht", antwortete ich. „Aber wie konnten Sie das wissen? Für wen arbeiten Sie? Für die CIA? FBI? NSA? MJ12?"

„Ich sagte es Ihnen doch. Ich bin Verkäufer aus Nashville."

„Ja, ich weiß, was Sie mir gesagt haben."

Ich wußte nicht, wie ich mit dieser Situation umgehen sollte. Es war mir nicht wohl, daß ich mit einem Mann in den Wagen steigen sollte, den ich für einen Agenten hielt. Und doch wußte ich, daß ein Geheimdienst, sollte er vorhaben, mich zu eliminieren, diese Aufgabe auch sogleich erfüllen würde, ob ich nun mit dem Mann in den Wagen stieg oder nicht. Und mein Verdacht konnte ja falsch sein. Es bestand doch noch die Möglichkeit, daß der Mann wirklich Verkäufer aus Nashville war, der das Thema meiner Recherche zufällig erraten hatte. Auf der Fahrt zum Hotel sprach ich nur über Dinge von mir selbst, die Geheimagenten ohnehin schon wüßten, wenn sie eine Akte über mich hätten: Orte, an denen ich gelebt hatte, mein Beruf, meine Vorliebe fürs Angeln.

„Erzählen Sie mir von Ihren UFO-Erlebnissen", sagte er schließlich.

„Es würde mich mehr interessieren zu erfahren, ob Sie jemals einem UFO begegnet sind", antwortete ich.

Er erzählte mir eine Geschichte, wie er einmal als Kind mit einem Spielzeuggewehr auf ein UFO geschossen hatte.

„Das klingt schwer nach Blödsinn", dachte ich, sagte aber: „Oh, das klingt wirklich interessant."

Wir kamen bald an, nahmen unsere Schlüssel in Empfang und gingen unserer Wege. Ich sah den Mann nie wieder. John, Grace und ich trafen uns am nächsten Abend in meiner Hotelsuite zu meiner dritten Hypnosesitzung. Wir beschlossen, den Traum zu erforschen, in dem ich von einer starken Kraft aus dem Bett gezogen worden war und mich in einem Raum voller Antiquitäten wiedergefunden hatte. Nach dem Entspannungsteil bat mich John, an die Ereignisse zu denken, die sich am Abend des 31. März 1991 vor diesem Traum abgespielt hatten.

Ich beschrieb, wie wütend ich war, als der Strom einen Moment lang ausfiel und ich dadurch die ganze Arbeit verlor, die ich am Computer geleistet hatte. Ich erinnerte mich, daß kurz danach das Telefon im Büro klingelte, aber als ich abhob, hörte ich nur Atmen. Beunruhigt durch den Anruf ging ich zu Bett und las noch vor dem Einschlafen.

„Was bemerkten Sie als erstes, als Sie eingeschlafen waren?" fragte John. „Achten Sie auf Ihr Bett und darauf, wo Sie sind. Sie haben nun einen Traum, an den Sie sich bewußt erinnert haben. Wie fing der Traum an?"

„Ich wurde von einer Kraft geweckt, die mich aus dem Bett zog. Ich kann die Kraft nicht klar erkennen. Ich bewege mich zu schnell." Mir wurde klar, ich erinnerte mich an ein echtes Ereignis, nicht an einen Traum.

„Hat die Kraft eine Farbe?" fragte John.

„Ungefähr wie Nebel."

„Also weiß und dunstig?"

„Ja", antwortete ich.

„Was erleuchtet den Nebel?"

„Ich bin mir nicht sicher."

„Fühlen Sie sich nun in der Energie, die Sie eine Kraft nennen. Spüren Sie sie und beschreiben Sie, was Ihnen auffällt."

„Ich bewege mich innerhalb ihrer Grenzen vorwärts und rückwärts", erklärte ich. „Ich liege eigentlich, aber meine Arme und Beine bewegen sich."

„Purzeln Sie von der einen Seite auf die andere, als ob Sie in etwas drin wären?" fragte John.

„Ich fühle mich nicht so, als stoße ich irgendwo an eine Seite.“

„Folgen Sie der Energiequelle, in der Sie sich fühlen, und sehen Sie, wohin Sie als nächstes gehen“, wies John mich an.

„Ich glaube, ich bin in einem Raumschiff in der Luft.“ „Was hilft Ihnen dabei zu erkennen, daß Sie in einem Raumschiff sind? Warum sind Sie nicht in dem Lebensmittelladen an der Ecke oder in einem Hotelzimmer? Was macht den Unterschied aus, der Sie zu der Annahme bringt, daß Sie in einem Raumschiff in der Luft sind?“

„Ich habe es gesehen, aber ...“

„Von außen?“ unterbrach mich John.

„Ja. Wie es scheint stehe ich einmal auf dem Boden und schaue es an, ein anderes Mal, bin ich über dem Boden und schaue es an. Aber das ist nicht möglich.“

„Oh, das ist mir klar“, sagte John. „Wenn Sie über dem Boden sind, stehen Sie dann vielleicht in einer Art Aufzug oder so?“

„Nein. Es ist, als ob ich schwebe“, antwortete ich.

„Was sehen Sie bei dem Gefühl zu schweben?“

„Ein großes, rundes, silbernes Objekt.“

„Und haben Sie zuvor schon einmal so etwas gesehen?“ fragte John.

„Ja.“

„Wie nahe ist es?“

„Es ist so nah, daß ich es berühren kann, wenn ich will.“

„Sind Sie allein?“

„Ja.“

„An was erinnern Sie sich als nächstes?“

Ich beschrieb das Schwindelgefühl, das ich empfand, als das Raumschiff sich durch die Luft drehte. Als das Drehen aufhörte, fand ich mich in einem Raum wieder, in dem dieselben Kreaturen waren, die ich zuvor gesehen hatte. Ich beobachtete sie, wie sie ihre Geräte einstellten. Ich legte mich auf einen Tisch, als sie ihre Geräte auf mich zubewegten. Als ich hochsah, sah ich, daß ein großes medizinisches Gerät über meinem Kopf hing. Eine Kreatur stand rechts neben mir; ich fühlte mich wohl, als ich in seine Augen blickte. Ein helles Licht blendete mich fast, aber ich konnte die Lichtquelle nicht sehen.

„Und was geschieht jetzt?“ fragte John.

„Sie machen Abstriche in meiner Scheide. Sie verwenden dazu eine Art Metallobjekt.“

„Fühlen Sie dabei etwas? Aber Sie brauchen das nur einen Moment lang zu empfinden, nur um sich zu erinnern.“

„Jetzt habe ich Schmerzen in meinem rechten Eierstock. Starke Schmerzen in meinem rechten Eierstock.“

Der Schmerz verschwand schließlich, als ich aus einem Augenwinkel ein Objekt sah, das meine Neugier erweckte.

„Ich frage mich, was dieses schachtelähnliche Ding ist", sagte ich. „Eine Kreatur hält sie in der Hand."

„Welche Farbe hat die Schachtel?" fragte John.

„Schwarz."

„Was macht er damit?"

„Ich kann mich an nichts mehr erinnern. Ich bin wieder in meinem Haus und sitze auf dem Boden. Ich glaube, ich bin im Flur vor Kellys Zimmer."

„Was machen Sie als nächstes, nachdem sie auf dem Boden sitzend angekommen sind?"

„Ich gehe einfach den Flur entlang und lege mich wieder ins Bett", erklärte ich. An dem Punkt brachte John mich aus der Hypnose. Wieder stritt ich ab, hypnotisiert worden zu sein und behauptete, ich habe wohl einen gestörten Verstand, der sich Lügen ausdächte.

„Nun sehe ich wirklich, daß Sie wieder wach sind", sagte John. „Jedesmal, wenn ich Sie in der Hypnose danach frage, tönen Sie: ‚Oh, es ist echt.' Und wenn Sie dann rauskommen, tönen Sie: ‚Oh, nein, es ist nur Lüge, ich habe es mir ausgedacht.' In der Hypnose glauben Sie wirklich, daß Ihre Empfindungen echt sind, aber wenn Sie rauskommen, kommen all die Zweifel, Urteile und Kritik zurück, denn es paßt einfach nicht zu Ihren Alltagserlebnissen."

John hatte natürlich recht. Ich wußte, die Ereignisse waren real. Aber es fiel mir schwer, diese neue erweiterte Sicht der Realität zu akzeptieren.

„Hat einer von euch ein Licht angemacht?" fragte ich.

„Nein", antworteten beide, John und Grace.

„Keiner von euch hat ein Licht angemacht?" fragte ich wieder.

„Wir sind überhaupt nicht aufgestanden", sagte Grace.

„Wir haben uns nicht einmal bewegt", stimmte John zu.

„Da war ein Licht, das so hell war, daß es mich blendete", sagte ich. „Ich dachte, Ihr hättet das Licht angemacht."

„Oh, nein", betonte John. „Ich erinnere mich, daß Sie an einer Stelle Ihre Augen bedeckten."

Hätte ich John und Grace nicht völlig vertraut, ich hätte geschworen, daß sie während der Sitzung ein helles Licht auf mich gerichtet hatten. Aber sie sagten, das hatten sie nicht, und ich glaubte ihnen.

„Was hat diese Erinnerung mit dem Zimmer voller Antiquitäten zu tun?" wollte ich wissen.

„Ihr Traum könnte ein Traum gewesen sein, der ein echtes Erlebnis verkörperte", erklärte John.

„Das bedeutet, die kleinen Besucher kamen in mein neues Haus", vermutete ich.

„Genau", stimmte John zu. „Das war die Nacht, in der der Strom nur in Ihrem Haus ausfiel und Sie mit leichten körperlichen Beschwerden aufwachten", fügte er hinzu und zog den Brief hervor, den ich ihm über diese Vorfälle geschrieben hatte.

„Sie haben das exakte Datum festgehalten."

John und Grace ließen mich über diese Gedanken bis zu unserer nächsten Sitzung am folgenden Abend grübeln. Am nächsten Abend beschloß John, den Traum zu erforschen, den ich Ende Januar, Anfang Februar 1991 hatte. Bevor wir mit der Hypnose begannen, bat John mich, den Traum für ihn und Grace noch einmal zusammenzufassen. Ich führte noch einmal kurz aus, daß ich in einer Szene über meinem Bett schwebte, in einer weiteren draußen stand, an den Himmel sah und dachte, ich müsse wieder reingehen und in einer dritten in einem Konferenzzimmer saß und über UFOs sprach.

Erst kürzlich hatte ich mich an mehr Details der dritten Szene erinnert und John gegenüber angedeutet, daß sie mich sehr beunruhigten. Ich erinnerte mich an Männer, die um den Konferenztisch saßen. Ich trug eine Herrenjacke und beantwortete Fragen über UFOs. Ich saß dabei an einem Ende des Tisches. Ich erinnerte mich auch an eine Frau, die eine blaue Uniform trug. Diese Erinnerungen hatten mich aus einem unerklärlichen Grund seit meiner Reise nach Springfield im März verfolgt.

Sobald John, Grace und ich diesen Traum besprachen, begann John mit der Hypnose. Als der Entspannungsprozeß vorüber war, bat John mich, mich an eine Zeit zu erinnern, als ich in Craston nachts im Hof stand.

„Ich stehe nicht im Hof", antwortete ich hastig. „Ich weiß nicht, wo ich bin. Es ist wie eine Lichtung. Ich weiß gar nicht, was ich da draußen so alleine mache. Im Hintergrund sind viele Bäume."

„Wieviel Uhr in der Nacht ist es etwa?" fragte John.

„Sterne sind am Himmel."

„Was haben Sie an?"

„Daran erinnere ich mich nicht."

„Okay. Was geschieht als nächstes?"

„Ich glaube nicht, daß das geschehen kann!" sagte ich und wurde ganz aufgeregt, denn ich wollte mich nicht an die Szene erinnern, die sich vor meinen Augen abspielte.

„Nun, dann sagen Sie uns, was Ihrer Meinung nach geschieht", hakte John nach. „Sie brauchen es nicht zu verstehen. Berichten Sie uns einfach, was Sie sehen."

„Dort sind Leute mit Gewehren“, sagte ich. „Sie stehen in der Lichtung. Sie kommen aus einem Hubschrauber oder so etwas.“

„In Ordnung. Sehen Sie sich den Hubschrauber gut an. Was sehen Sie?“

„Es ist ein Hubschrauber! Leute steigen aus. Sie tragen Waffen. Große Waffen wie Maschinengewehre. Sie tragen grüne Kampfanzüge.“

„Hüte?“ fragte John.

„Einer hat einen Hut auf, aber er trägt den grünen Kampfanzug nicht. Er trägt einen blauen Hut, Hemd und Hose.“

„Was tun Sie?“ wollte John wissen.

„Sie zwingen mich, in den Hubschrauber zu steigen.“

„Aber sie kämpfen dagegen an und versuchen, wegzurennen, nicht wahr?“ fragte John.

„Nein. Ich habe Angst vor ihren Gewehren!“ erklärte ich.

„Was haben Sie gehört, daß Sie wußten, Sie mußten mit ihnen gehen?“

„Ich kann mich nicht erinnern, daß sie überhaupt etwas sagten“, antwortete ich. „Die kamen einfach aus dem Hubschrauber, packten mich und schoben mich rein.“

„Ist noch jemand bei Ihnen außer den Männern mit den Gewehren?“

„Nein“, antwortete ich. „Der Mann mit dem blauen Hemd scheint für alles verantwortlich zu sein. Er sagte, ich mache nur Schwierigkeiten, und sie würden mich zum Schweigen bringen. Sie zwingen mich, mich auf den Boden des Hubschraubers zu setzen. Er ist kalt und hart. Die Männer sitzen mit ihren Gewehren um mich herum.“

„Richteten sie die Gewehre auf Sie?“ fragte John. „Daran erinnere ich mich nicht. Ich sagte etwas zu dem Mann, der das Kommando hatte, und das verärgerte sie und sie stießen mich zu Boden.“

„Was sagten Sie ihm?“ „Ich sagte ihm, er sei ein Arschloch, und ich würde nicht zulassen, daß sie mich zum Schweigen brächten.“

„Vielleicht wird Ihnen jetzt bewußt, was Sie anhaben, da Sie den kalten, harten Boden des Hubschraubers fühlen“, sagte John.

„Auf meinen Armen ist nichts“, bemerkte ich. „Die Männer griffen mich zu beiden Seiten an den Armen. Ich sagte ihnen, sie sollten ihre dreckigen Finger von mir lassen, aber die hielten mich einfach weiter fest.“

„Taten die irgend was, was Sie verletzte?“ fragte John.

„Ich kämpfte mit ihnen, als ich aus dem Hubschrauber kam. Ich verstehe nicht, warum sie mich da hinbringen.“

Plötzlich fühlte ich die Kühle. „Es ist kalt“, bemerkte ich. „Rechts und links von mir ist je ein Mann, der mich festhält. Sie bringen mich in ein Gebäude.“

„Jetzt sehen Sie die Tür offen“, lenkte mich John. „Und Sie können einen Blick auf das erhaschen, was drin ist.“

„Ich schaue mir die Leute da drin an. Ich sah Männer, die auf der linken Seite des Tisches in dem Konferenzzimmer saßen. Der Mann in der blauen Uniform stand rechts von mir. Am anderen Ende des Tisches stand ein Mann, der mit Militärabzeichen dekoriert war.

„Was fällt Ihnen jetzt auf?“ fragte John.

„Jemand gibt mir eine Spritze in den rechten Arm. Es fühlt sich an wie eine Tetanusspritze.“

„Kämpfen und schreien Sie nicht?“ wunderte sich John.

„Die Kerle in Uniform halten mich immer noch fest“, erklärte ich.

„Wie sehen sie aus? Sie müßten Sie jetzt doch ein bißchen deutlicher sehen können. Haben sie lange Haare und buschige Augenbrauen oder ...?“

„Nein“, unterbrach ich ihn. „Sie sehen aus wie Militärs. Richtig kurze Haare.“

„Schauen Sie genau hin“, wies John mich an. „Sehen Sie, ob Ihnen welche bekannt vorkommen.“

„Sie kommen mir nicht bekannt vor.“

„Das ist prima. Stellen Sie genau fest, wo Sie in diesem Moment sind ... ob Sie da stehen ...“

„Ich stand, als sie mir die Spritze gaben, aber dann stießen sie mich in einen Sessel.“

„Was fällt Ihnen auf, als Sie in den Sessel geschubst werden?“ fragte John.

„Ich fühle mich einfach schwindlig.“

„So, Sie setzen sich also auf den Stuhl, fühlen sich ein bißchen schwindlig. Sehen Sie sich nun um wie Sie da so sitzen und stellen Sie fest, was Ihre Aufmerksamkeit auf sich zieht. Was schauen Sie jetzt an?“

„Ich kann nicht, ich fühle mich zu schwindlig“, erklärte ich.

„In Ordnung“, sagte John. „Was hören Sie? Hören Sie genau hin. Irgendwo muß es eine Art Unterhaltung oder Interaktion mit jemandem geben. Oder ist alles vollkommen still?“

„Der Mann, der im Hubschrauber war, sagte zuerst etwas. Er sagte: ‚Hier ist sie. Sie ist eine freche kleine Nutte.‘ Dann sagte jemand auf der anderen Seite des Raumes: ‚Nun darum werden wir uns schon kümmern!‘“

„Und was hören Sie dann?“

„Ich erinnere mich nicht. Es ist kalt da drin.“

„Warum ist es kalt für Sie? Tragen Sie keine Jacke?“

„Mir ist nicht mehr kalt“, antwortete ich.

„Und woher kommt es, daß Ihnen jetzt nicht mehr kalt ist?“ fragte John.

„Jemand kam von hinten und legte eine Jacke um meine Schultern."

„Berührt die Jacke den Rest Ihrer Kleidung?"

„Ich glaube nicht, daß ich irgendetwas anderes anhatte außer vielleicht einem Slip, aber ich … ich mußte doch etwas angehabt haben!"

„Was hören Sie jetzt?" fragte John.

„Ein Mann spricht mit mir. Er sagt mir, ich hätte nichts gesehen. Er ist nicht sehr nett."

„Auf welche Weise ist er nicht nett?" fragte John.

„Sein Ton", antwortete ich.

„Sehen Sie ihn oder hören Sie ihn nur?"

„Ich sehe ihn nicht, weil mir so schwindlig ist. Ich beuge meinen Kopf nach vorne."

„In welcher Richtung von Ihnen aus gesehen, steht er, als sie seine Stimme hören?"

„Zuerst war er auf der anderen Seite des Raumes, aber dann kommt er nahe zu mir und lehnt sich gegen den Tisch."

„Was sagt er noch?" fragte John.

„Er sagte: ‚Sie haben kein Raumschiff gesehen. Verstehen Sie? Sie haben *kein* Raumschiff gesehen.' Ich sagte ihm, daß ich wisse, daß es ein Raumschiff war und daß es mir egal sei, was er sage. Ich weiß, was es war."

„Und wie hat er auf diesen Satz Ihrerseits reagiert?"

„Er sagte zu dem Mann in Blau: ‚Ja, ich verstehe, was Sie meinen.' Dann sagte ich ihnen, die einzige Art, wie sie mich zum Schweigen bringen könnten, wäre mich umzubringen."

„Sagen Sie das noch mal!" sagte John mit erhobener Stimme.

„Ich sagte ihnen, die einzige Art, wie sie mich zum Schweigen bringen könnten, sei mich umzubringen", wiederholte ich.

„Wie haben die darauf reagiert?" fragte John.

„Er sagte, wenn ich nicht mit ihnen zusammenarbeite, würden sie genau das auch tun, wenn es notwendig werden sollte."

„Was empfinden Sie, wenn Sie das hören?" fragte John erstaunt.

„Es macht mich wütend."

„Und wie fühlen die sich, wenn sie das sagen?"

„Die sind auch wütend."

„Und was wird jetzt gesprochen?" fragte John.

„Ich sagte ihm, es sei mir egal, wenn sie mich umbrächten. Ich fragte ihn, was sie von mir wollten. Ich sagte: ‚Ich habe nichts getan. Was wollen Sie von mir?' "

„Mh-mh", sagte John. „Was hören Sie?" „Er sagte: ‚Halt's Maul und hör zu!'" „Also, was hören Sie sich dann an?" fragte John.

„Ich sagte ihm, ich sei nicht bereit, das Maul zu halten. Ich fragte ihn, was er denn verbergen wolle."

„Mh-mh. Und?"

„Er sagte: Das geht Sie einen feuchten Kehrricht an. Halt einfach's Maul und hör zu!'"

„Also was wollen die Ihnen dann sagen, wenn die wollen, daß Sie's Maul halten und zuhören?"

„Er sagte mir, ich hätte nichts gesehen und ich wüßte von nichts."

„Und das ist es, an was Sie sich erinnern sollen?" John machte eine Pause. „Das ist also nur ein süßer Traum, den Sie haben?"

„Nein! Ich weiß, ich bin dort, und ich weiß, die Leute sind dort. Der Mann war echt. Und er war nicht sehr nett."

„Okay", sagte John.

„Wie geht es aus?"

„Eine Frau kam für eine Minute in den Raum. Sie brachte einen Kassettenrekorder. Sie stellte ihn am anderen Ende des Raumes auf einen Tisch."

„Was machen die damit?" fragte John.

„Ich weiß nicht, was sie damit machten, nachdem mir schwindlig geworden war. Ich erinnere mich nur, wie sie ihn am anderen Ende des Raumes auf den Tisch stellte und den Raum wieder verließ. Sie trägt eine blaue Uniform, wie der Mann, der mich hereinbrachte."

Ich konnte mich an nichts Wichtiges mehr erinnern, und so brachte John mich aus der Trance. Wir unterhielten uns noch lange über die Motive der Männer, die mich gefangen genommen hatten, dann mußten John und Grace gehen.

Diese Hypnosesitzung war die aufregendste, die ich bis jetzt mitgemacht hatte. Mir kamen alle möglichen Gedanken. Nun erschien es gut möglich, daß der Mann, den ich am Flughafen getroffen hatte, wirklich ein Agent war. Was war, wenn ich überwacht wurde, während ich in Springfield war? Wir hatten gerade eine Hypnosesitzung in meiner Hotelsuite beendet. Was, wenn mein Zimmer abgehört wurde? „Oh, mein Gott", dachte ich, als ich mich daran erinnerte, was ich gerade getan hatte. „Vielleicht bringen die mich heute nacht zum Schweigen!" Es war zwar fast halb zwei Uhr in der Nacht, aber ich beschloß zu duschen. Ich wollte sauber sein, wenn ich starb.

Zu aufgeregt zum Schlafen stieg ich ins Bett und dachte weiter über meine seltsame Hypnosesitzung nach. Für mich konnte nichts die Behandlung rechtfertigen, die mir die Männer die mich entführt hatten, hatten zukommen lassen.

Ich konnte die Entführungen durch die außerirdischen Kreaturen entschuldigen, indem ich mir sagte, daß sie, da sie anders waren als wir, vielleicht nicht verstanden, welche Schmerzen und welches Trauma sie ihren menschlichen Opfern zufügten. Aber diese Menschen verstanden das sicher; sie wußten genau, wie ich mich fühlte. Denen war das einfach egal.

Normalerweise konnte ich Trost finden, wenn ich in der Bibel las, und so griff ich nach dem Hotelexemplar und schlug den Psalm 23 auf. Ich las ihn immer wieder. Dann fing ich an zu beten. Ich fragte Gott, was es mit dem Phänomen der Außerirdischen auf sich habe. Waren die Außerirdischen, denen ich begegnet war, gut oder böse? Welche Beziehung hatten sie zu Gott, zu mir, zueinander? Warum versuchte ein Teil unseres Militärs und unserer Regierung, die Existenz der Außerirdischen zu verschleiern? Ich bat Gott inständig, mir diese Fragen zu beantworten, weil ich so sehr versuchte, sie zu verstehen.

Während ich betete, sah ich Bilder vor meinem geistigen Auge, als ob sie auf einem Computerbildschirm abgespielt würden: einen Fisch, einen vierzackigen Stern, eine Sichel, ein Hakenkreuz, ein Wagenrad, die Seitenansicht einer Taube und alle Arten von Engeln. Ich sah noch mehr Bilder, an die ich mich aber danach nicht mehr erinnern konnte, weil sie zu schnell vorbeizogen.

Nun war ich verwirrter denn je. So etwas hatte ich noch nie erlebt. Warum sah ich Symbole vor meinem geistigen Auge? Was geschah mit mir? Verlor ich nun das letzte bißchen gesunden Menschenverstand? Oder versuchte Gott, mir als Antwort auf meine Gebete eine Art Botschaft zu übermitteln? Und wenn ja, warum tat er das dann nicht direkt? Verstand er nicht, wie dumm ich war und daß ich die Symbole nicht verstehen würde? Er mußte mir alles genau erklären.

Trotz meiner zusätzlichen Verwirrung durch die Symbole spürte ich in ihnen eine Botschaft des Friedens und konnte schließlich einschlafen.

Kapitel 8

Am nächsten Morgen weckte mich die Stimme eines Mannes im Nachbarzimmer. Die Stimme klang entfernt bekannt, und so legte ich mein Ohr an die Wand und versuchte zu hören, was er sagte. Ich lauschte lange Zeit, aber ich konnte nur ein paar Wortfetzen des Gesprächs verstehen: „Gedächtnisimplantat ... ich versuchte es etliche Male, aber ... über Orte, an denen sie gelebt hatte ... Craston, Tuscaloosa ... werde ich machen ... Nun, das meiste davon haben wir ... Vier Finger ... Regierung der Vereinigten Staaten ... Ich habe Ihnen einen Dienst erwiesen."

Ich hörte nur eine Stimme und nahm daher an, daß der Mann mit jemandem am Telefon sprach. Schließlich dämmerte es mir, die Stimme klang wie die des „Verkäufers aus Nashville", den ich am Flugplatz getroffen hatte. Er erwähnte Craston und Tuscaloosa, Orte, in denen ich gewohnt hatte, daraus schloß ich, daß sich das Gespräch um mich drehte.

Ich bekam große Angst. Ich sprang aus dem Bett, warf mir ein paar Kleider über, schnappte meinen Geldbeutel und rannte nach unten in die Halle. Ich rief Grace aus einer Telefonzelle an und sagte ihr, was ich gehört hatte. Ich hatte das Gefühl, jemand sollte wissen, was vor sich ging, falls mir etwas zustieß.

Grace nahm mit John Kontakt auf, der bald anrief und sichergehen wollte, daß ich den Tag über nicht allein war. Ich sagte ihm, ich hatte vor, mich mit einer Entführten zu treffen. Er hatte mir schon länger gesagt, daß ich sie anrufen sollte, und ich sagte ihm, sie würde in Kürze im Hotel ankommen. John beschrieb mir wie sie aussah, sagte mir, ich solle sie an einer bestimmten Stelle in der Halle treffen, und warnte mich, ich solle sonst mit niemandem reden. Als ob ich eine Warnung gebraucht hätte – ich hatte ja schon solche Angst!

Während ich auf meine Verabredung wartete, dachte ich über die Worte nach, die ich zuvor gehört hatte. Ich fragte mich, was ein Gedächtnisimplantat war. Ich deutete den Satz „Das meiste davon haben wir", so daß es dem Mann gelungen war, das meiste aus meinen beiden letzten Hypnosesitzungen aufzuzeichnen. Die Worte „Ich habe Ihnen einen Dienst erwiesen" schienen darauf hinzudeuten, daß jemand diesen Mann beauftragt hatte, mein Zimmer abzuhören. Aber wer? Bedauerlicherweise wußte ich, daß ich das wahrscheinlich nie erfahren würde.

Zu meiner Erleichterung ging der Rest des Tages ohne jegliche Probleme vorüber, und ich traf John und Grace an diesem Abend wie geplant zu meiner fünften Hypnosesitzung. Wir beschlossen, die Sitzung dieses Mal nicht in meinem Hotelzimmer durchzuführen.

Das erste Erlebnis, das John an diesem Abend erkunden wollte, war, was mit mir geschah, bevor ich mich in der Lichtung wiederfand, umgeben von Männern mit Maschinengewehren.

Meine erste Erinnerung unter Hypnose war, daß ich mich in einem weißen Lichtstrahl befand. Dann sah ich die vertrauten Augen der kreidefarbenen Kreaturen und etliche Lichter, die rhythmisch nach vorne und hinten schwangen während ich auf der vertrauten Plattform lag. Nach einer Weile schien nur noch ein blendend weißes Licht in meine Augen. Als das Licht weg war, sah ich ein seltsam geformtes Gerät über meinem Unterleib. Ein langes, nadelähnliches Instrument drang in meinen Körper ein. Ich verspürte einen starken Schmerz in meinem rechten Eierstock und Druck bis zum Rücken. Ich wollte, daß das aufhörte. Und endlich tat es das auch. Dann fing eine Kreatur rechts von mir an, die Haut auf meinem Unterleib und meinen Oberschenkeln zu untersuchen. Ich fragte mich, warum er immerzu meine Haut mit seinen Händen hin- und herbewegte und die Knochen darunter ertastete.

Die Berührung der Hände dieses Wesens fühlte sich an wie Gummihandschuhe. Während es mich untersuchte, bemerkte ich, daß seine Hände knochenfarbig waren und nur vier lange, dünne Finger hatten. Als es mit der Betrachtung meiner Haut fertig war, schabte er Gewebeproben aus der Scheide. Eine Kreatur rechts von mir spendete mir während dieser Prozeduren Trost.

„Wie tröstet er Sie?“ fragte John.

„Mit seinen Augen“, erklärte ich. „Es sind die großen schwarzen Augen, wie ich sie zuvor schon gesehen hatte.“

„Aber mich würde das erschrecken. Wie trösten sie Sie?“ wollte John wissen.

„Ich habe diese Augen schon so viele Male gesehen. Sie haben mich oft getröstet“, sagte ich, und ich fühlte mich ruhig und entspannt, als ich sie sah.

„Wie weit zurück können Sie sich an diese Augen erinnern?“ fragte John. „Denken Sie zurück, weit zurück, bis zum ersten Mal, daß Sie sich an diese Augen erinnern können. Das allererste Mal. Gleiten Sie durch die Zeit und finden Sie das erste Mal, daß Sie diese Augen sahen.“

Ich ließ mich zurücktreiben bis zu der Zeit, als ich drei Jahre alt war und mit Seth im sandigen Boden am Rand eines Sees in Alabama spielte.

Unsere Eltern saßen in der Nähe am Ufer und beobachteten uns. Ich blinzelte nach oben und sah das seltsam aussehende Wesen mit den großen, schwarzen Augen.

„Es war ein süßes kleines Ding“, sagte ich schließlich zu John.

„Wo sahen Sie dieses süße kleine Ding?“ fragte John.

„Mein Bruder und ich spielten mit ihm. Wir waren am Waldrand. Mein Bruder hatte Windeln an.“

„Wo kam das kleine Ding her?“ fragte John.

„Es war im Wald, nahe am Rand, als ich es sah“, erklärte ich. „Seth und ich waren neben dem Wald.“

„Ohhoh. Und warum seid Ihr nicht weggerannt, als Ihr es gesehen habt?“ wunderte sich John.

„Weil es süß war.“ „Und was machte es so süß?“ wollte John wissen. „Es hatte echt große, lustige Augen“, antwortete ich.

„Vielleicht können Sie sich an Ihre erste Reaktion erinnern und daran, was Sie dachten, daß es sein könnte, als Sie es zum ersten Mal sahen.“

„Ich denke einfach, es ist eine Art kleines, süßes Kind, aber anders als wir. Eine andere Art.“

„Hat es Ihnen zugelächelt und mit Ihnen gekichert und gelacht?“ fragte John.

„Nein“, antwortete ich. „Es drehte einfach nur immer wieder seinen Kopf auf eine lustige Weise. Sein Kopf war so groß, ich dachte, der fällt gleich ab.“

„Dann war es also größer als Sie?“

„Ja. Es war viel größer.“

„Was machte Ihr Bruder damit?“ fragte John.

„Er gab ihm einen Stein. Mein Bruder gab jedem einen Stein.“

„Was tat die Kreatur mit dem Stein?“ „Es drehte seinen Kopf und sah ihn mit diesen Augen an, als würde es sich freuen, daß es den Stein hatte.“

„Lächelte es?“ fragte John.

„Es hatte keinen Mund“, bemerkte ich.

„Wie zeigte es, daß es sich freute?“ fragte John.

„Mit den Augen und durch die Art, wie es seinen Kopf bewegte. Das sagte alles.“

„Zeigte es Euch irgendwas als Dank?“

„Dieses Wesen nimmt mich bei der Hand, und ich nehme meinen Bruder bei der Hand. Wir gehen durch den Wald.“ Ich machte ein paar Sekunden Pause. „Ich glaube nicht, daß wir gehen sollten. Mutter wird echt böse sein.“

„Und was sagt es euch?“

„Es kann nicht reden. Aber ich verstehe es“, erklärte ich. „Es sagt mir, daß es dafür sorgen werde, daß meine Mutter nicht böse wird.“

„Und wie wissen Sie das, wenn es nicht spricht?“ fragte John.

„Durch die Augen.“

„Okay. Und was geschieht dann?“

„Es zeigt auf einen großen Ball am Himmel und fragt, ob wir mitfahren wollen“, sagte ich.

„Und wie sieht der große Ball am Himmel aus?“

„Er ist rund, silbern und glänzend. Er steht einfach in der Luft.“

„Und was wollen Sie tun?“

„Ich möchte mitfahren!“

„Junge, Junge!“ rief John aus, als spräche er mit einem Kind. „Das wäre aber toll! Was geschieht jetzt?“

„Das Wesen sagt uns, wir würden jetzt in etwas hineingehen, eine Art Aufzug.“

„Merken Sie sich, was Sie sehen, was dieses aufzugähnliche Ding sein könnte“, verlangte John.

„Es ist wie ein Lichtstrahl“, sagte ich. „Ich hatte so etwas noch nie gesehen: Es sah echt klasse aus. Das Wesen sagt: ‚Tritt einfach ein und wir gehen zum Raumschiff.‘ Und wir treten alle ein und fassen uns an den Händen als wollten wir Ringelreihen spielen.“

„Was geschieht als nächstes?“ fragte John.

„Wir gehen zu dem runden Ball.“

„Was sehen Sie, während Sie da hoch gehen?“

„Ich kann gar nichts sehen.“ Das nächste, an das ich mich erinnerte, war, daß ich in dem Raumschiff war.

„Sind dort noch mehr Kinder?“ fragte John.

„Nein. Nur andere kleine Dinger wie dieses Kind, das nicht so aussah wie wir. Sie lassen uns in dem Ball rumrennen. Ich höre auf zu spielen und sage ihm: ‚Ich möchte jetzt fahren.‘ Dann läßt es mich so tun, als lenkte ich den großen Ball.“

„Wie tut er das?“ wunderte sich John.

„Er nimmt mich hoch und läßt mich ein paar Steuerungsinstrumente anfassen“, erklärte ich.

„Sind die wie ein Steuerrad oder ein Schalthebel?“ fragte John.

„Ich sehe überhaupt nichts in der Art“, sagte ich. „Da gibt es etwas wie einen Fernsehschirm, und auf ihm gehen viele Linien, Farben und Lichter hin und her.“

„Sind die schön anzusehen oder unangenehm wie Störungen auf einem Fernsehschirm?“ fragte John.

„Nein. Die sind richtig klar und haben lauter verschiedene Farben", erwiderte ich. „Es macht Spaß, sie anzuschauen."

„Und fühlen Sie sich jetzt, als dürften Sie mitfahren?" fragte John.

„Ich denke schon."

„Was macht Ihr Bruder?"

„Ich bin nicht sicher. Ich beachte ihn gar nicht. Ich spiele mit dem Raumschiff."

„Was ist das nächste, an das Sie sich erinnern?" fragte John.

„Die setzen mich auf einen Tisch, sodaß ich mich setzen kann. Ich lege mich ein bißchen hin und mache ein Nickerchen."

„An was erinnerten Sie sich, als Sie aus Ihrem Nickerchen wieder aufwachten?"

„Alle kleinen Dinger standen um mich herum und sahen mich an", sagte ich.

„Hat Sie das erschreckt, als Sie aufwachten?"

„Nein", antwortete ich. „Das waren nette kleine Dinger. Auch mein Bruder machte ein Nickerchen."

„Und was passiert, als ihr alle aufwacht?"

„Mein kleiner Freund sagte mir, das müsse ein Geheimnis bleiben und daß er mich jetzt nach Hause bringen würde. Ich solle es aber niemand sagen. Er sagte: ‚Das bleibt unser kleines Geheimnis.' Ich sagte: ‚Okay.'"

„Und macht er das dann auch?" fragte John.

„Wir sind wieder am Waldrand", sagte ich.

„Ist er bei Euch?" fragte John.

„Nein."

„Wißt ihr, wie ihr an den Waldrand gekommen seid?"

„Nein."

„In Ordnung", sagte John. „Und in dem Alter gab es auch eine Zeit, in der Sie dachten, Sie sähen Engel. Wo war das, als Sie meinten, Sie sähen Engel?"

„In Gardendale, Alabama. Ich war draußen. Ich war Fahrrad gefahren. Ich stieg ab und legte es auf den Boden. Ich dachte, ich sah etwas, das aussah wie zwei Engel."

„Wodurch sahen sie wie Engel aus?" fragte John.

„Sie schwebten in der Luft", erklärte ich.

„Welche Farbe hatten sie?"

„Eine Art Weiß."

„Weiß?" fragte John.

„So etwa", sagte ich wieder.

„Schauen Sie sich jetzt ihre Gesichter gut an", forderte John mich auf.

„Schauen Sie sie sich an, ob sie hübsche blaue Augen haben und blondes Haar, oder wie immer Engel damals für Sie ausgesehen haben."

„Wie das kleine Ding, das im Wald war", sagte ich.

„Nun, die sahen aber nicht gerade nach Engeln aus, oder?"

„Nein."

„Und doch, ist es das, was Sie jetzt in der Luft schweben sehen?" fragte John.

„Nein, jetzt ist es nicht mehr in der Luft", sagte ich.

„Es ist im Wald."

„Zwei?" fragte John.

„Ich sehe jetzt nur eines."

„Okay. Ist es derselbe, mit dem Sie gespielt haben?" fragte John.

„Ja." erwiderte ich.

„Okay. Dann kennen Sie ihn also schon lange."

Nachdem festgestellt worden war, daß die Beziehung schon lange dauerte, brachte John mich bald aus der Hypnose. Am nächsten Abend begann John meine letzte Sitzung dieser Reise, indem er mir wieder sagte, ich solle mich an die Nacht erinnern, in der ich zu der Lichtung und dann in den Konferenzraum gebracht wurde. Er bat mich, mich zu erinnern, wie ich auf dem Tisch lag, nachdem die Wesen mit den vaginalen Abstrichen und der Ovarsonde fertig waren.

„Was sehen Sie nun, wie Sie da so liegen?" fragte John.

„Ein helles Licht, das mir in die Augen scheint. Durch das Licht kann ich weder fühlen noch sehen."

„Versuchen Sie ob Sie etwas hören können", forderte John mich auf.

„Leise Geräusche", sagte ich. „Zwischen Zwitschern und Klicken."

„Mit was, denken Sie, hat das zu tun?" fragte John.

„Das ist eine Kommunikationsmethode", antwortete ich. „Es hat etwas mit den Morsegeräuschen in meinem Ohr zu tun."

„Ist das Klicken also in Ihrem Kopf oder hat es nur mit dem zu tun, was Sie in Ihrem Kopf hören?" fragte John.

„Es hat mit dem zu tun, was in meinem Ohr ist. Es ergibt überhaupt keinen Sinn."

„Es muß jetzt auch gar keinen Sinn ergeben", versicherte mir John. „Beschreiben Sie einfach, was Sie empfinden und was Ihnen auffällt."

„So sprechen sie mit mir, wenn sie nicht da sind", sagte ich.

„Sind Sie immer noch in dem hellen Licht?"

„Jetzt scheint mir nichts in die Augen. Über meinem Unterleib ist eine Art silbernes rundes Instrument."

„Achten Sie darauf, was es tut, wenn Sie es eine Weile beobachten", sagte John.

„Es ist mir echt nicht klar. Ich bin mir nicht sicher."

„Sie müssen sie doch gefragt haben, was sie machen?" vermutete John.

„An dem Punkt wußte ich bereits, was sie machten", erklärte ich. „Sie versuchen, ihre Rasse zu verbessern." „Hatten Sie das Gefühl, daß sie das Ihnen gegenüber auf irgend eine Art und Weise angedeutet hatten?" fragte John.

„Nein. Das hatten sie mir bereits ein anderes Mal gesagt."

„Vielleicht können Sie sich an noch mehr erinnern, was sie Ihnen bereits gesagt haben."

„Sie verwenden die Eizellen; die brauchen sie. Ich hatte ihnen einmal gesagt, daß ich ihnen gerne helfen würde, wenn sie sie bräuchten und wenn ihnen das helfen würde."

„Sie haben ihnen also gesagt, daß Sie willens wären, sich zu beteiligen?" fragte John.

„Ja, „ antwortete ich.

„War das das einzige Mal, daß Sie Ihnen Eizellen entnahmen?"

„Nein."

„Ich frage mich, wann es wohl das erste Mal war."

„Ich erinnere mich nicht."

„Sagen sie Ihnen noch etwas über Sie oder die Art Ihrer Beteiligung?" „Ich erinnere mich nicht", erwiderte ich. Ich konzentrierte mich immer noch auf das, was an Bord des Raumschiffes vor sich ging.

„Zwei Wesen machen was mit der schwarzen Schachtel."

„Konzentrieren Sie sich auf die schwarze Schachtel und auf die beiden Wesen. Beobachten Sie sie genau. Was fällt Ihnen auf?"

„Nachdem die schwarze Schachtel in meine Nähe gebracht worden ist, sticht die Nadel in meinen Eierstock." Ich fühlte große Schmerzen. „Es tut weh", sagte ich ängstlich.

„Ich weiß", sagte John mitfühlend. „Sie brauchen den Schmerz jetzt nicht zu fühlen. Konzentrieren Sie sich einfach auf die schwarze Schachtel."

„Die beiden Wesen öffnen sie", fuhr ich fort. „Die Nadel bewegt sich und legt etwas in die schwarze Schachtel."

„Was legen sie in die schwarze Schachtel?"

„Das, was in der Nadel war. Sie schließen sie, und ein Wesen geht sehr vorsichtig mit ihr weg."

„Wie groß ist diese Schachtel?" fragte John.

„Etwa so groß wie ein Transistorradio", sagte ich.

„Aus was ist sie?" wollte John wissen.

„Ich habe so eine Substanz noch nicht gesehen."

„An was erinnert es Sie?“

„Metall kommt ihm am nächsten, aber es ist kein Metall.“

„Verfolgen Sie die Geschehnisse weiter und sehen Sie, was als nächstes passiert“, wies John mich an.

„Sie stellten die schwarze Schachtel in eine Aussparung in der Wand des Raumschiffs. Ich stehe dann wieder auf. Ich gehe aber noch nicht. Ich bleibe noch ein bißchen und spiele mit ihnen, aber ich erinnere mich an nichts mehr.“

„Erinnern Sie sich, wie Sie weggingen?“

„Nein.“

„Okay“, sagte John. „Verlassen wir jetzt diese Szene. Es gab eine Zeit, da träumten Sie, etwas habe eine Art Beziehung zu Ihnen. Sie können sich jetzt langsam in diesen Traum fallen lassen und in die Bilder, die Sie von diesem Traum noch in Erinnerung haben. Was fällt Ihnen auf, wenn Sie an dieses Gefühl denken?“

„Ich kann mich nicht bewegen, und ich kann nichts fühlen“, sagte ich.

„Ist es das, an was Sie sich erinnern?“

„Ja.“

„Und wenn Sie sich erinnern, daß Sie sich nicht bewegen und nichts fühlen konnten, was sehen Ihre Augen?“

„Es ist ein seltsames Wesen“, versuchte ich es zu beschreiben. „Es ist bräunlich und sieht wie ein Reptil aus. Es ist echt dünn. Es hat bräunliche Augen, aber mit goldenem Schimmer. Es sieht scheußlich aus.“

„Sind es große schwarze Augen ohne Pupille?“ fragte John.

„Nein, nein. Sie sind anders. Nein. Diese Augen haben zwei Farben. Sie sind braun, golden und echt durchdringend. Ich schau‘ nicht gerne in diese Augen.“

„Erinnern sie Sie an irgendein Tier?“

„Ja. Ein Reptil.“

„Warum sehen die Augen reptilienhaft aus?“ fragte John.

„Sie sehen glasig aus. Stechend.“

„Wie sieht der Rest des Kopfes aus?“

„Es hat Ohren, lange spitze Ohren“, erwiderte ich.

„Hat die Haut eine bestimmte Farbe?“

„Sie ist hellbraun.“

„Wie sieht der Mund aus?“

„Es hat spitze, ungleichmäßige Zähne. Es ist echt häßlich. Ich wollte es nicht anschauen. Ich schloß meine Augen.“

„Gibt es am Körper irgendetwas Interessantes oder Besonderes?“ fragte John.

„Es hatte schuppige Haut. Es war das Häßlichste, was ich je gesehen hatte. Es hat Rippen oder so etwas. Der Kopf erinnert mich an einen riesigen Schlangenkopf. Die Hände haben Klauen."

„Wo sind Sie? fragte John.

„In meinem Bett."

„Was tut das Wesen?" fragte John.

„Dieses seltsame Ding vergewaltigt mich!" schrie ich auf in einem Gefühl der Hilflosigkeit.

„Schreien oder jammern Sie nicht?" fragte John.

„Ich kann mich nicht bewegen, und ich spüre überhaupt nichts", erklärte ich.

„Gibt es irgendeine Art von Kommunikation?" fragte John.

„Nein. Ich mag dieses Wesen nicht", sagte ich angewidert.

„Ist es das einzige Wesen, das da ist?"

„Ja."

„Und das fühlt sich für Sie echt an?"

„Ja."

„Es war nicht wie ein Bild oder ein Bildschirm oder …"

„Nein."

„Also selbst wenn es Sie vergewaltigt, fühlen Sie gar nichts?"

„Nein, das tue ich nicht", sagte ich ihm wieder.

„Was geschieht, als das vorbei ist?" fragte John.

„Ich erinnere mich nicht."

„Wurden Sie bewußtlos?"

„Ich erinnere mich nicht."

„Okay", sagte John. „Wir wollen uns noch einmal durch die Zeit bewegen. Gehen wir dahin, als Sie in der Lichtung waren, und der Hubschrauber ankommt. Sie werden in einen Konferenzraum gebracht. Sie erinnern sich, daß Sie sich schwindlig fühlen, Ihren Kopf auf Ihrem Schoß, aber Sie können immer noch hören. Achten Sie auf alles, da Sie sich jetzt an alles erinnern werden. Es kann sein, daß es Ihnen schwer fällt, sich zu erinnern, weil Sie unter Drogen stehen, aber achten Sie darauf, wenn Sie den Stuhl verlassen."

„Alles, an was ich mich erinnere, ist, daß ich auf eine Trage gelegt werde", sagte ich. „Die Kerle legen die Trage in eine Art Lastwagen."

„Achten Sie auf Markierungen, Nummern, Kennzeichnungen", wies John mich an.

„Ich kann gar nichts sehen", erklärte ich.

„Ich fühle mich zu krank."

„Sind Sie allein?"

„Andere Leute kommen herein. Ich weiß, die fahren mich irgendwohin, aber ich erinnere mich an nichts anderes mehr."

„Können Sie sich erinnern, ob Sie irgendwelche Kommentare oder Bemerkungen zwischen den Männern hörten, die bei Ihnen saßen?" fragte John.

„Ja", sagte ich.

„Wer spricht?" fragte John.

„Ich kann ihn nicht sehen. Mir geht es zu schlecht, um ihn anzusehen", erklärte ich.

„Das ist in Ordnung", sagte John. „Aber Sie können sie hören. Was sagen sie?"

„Er sagt: ‚Sie weiß zuviel, verdammt. Was machen wir damit?'" Die Stimme klang wie die des Mannes, der in dem Konferenzraum mit mir sprach.

„Und was hören Sie?" wollte John wissen.

„Jemand anderer … ich erkenne diese Stimme nicht … sagt: ‚Ich weiß es nicht. Das ist ganz schön hart.'"

„Was ist so hart?" fragte John.

„Ich weiß nicht", antwortete ich und fragte mich dasselbe.

„Machen die Andeutungen darüber, was die wissen, wieviel Sie wissen?" fragte John.

„Nein", erwiderte ich.

„Reden sie von Vorsichtsmaßnahmen?"

„Ich erinnere mich an nichts weiter", antwortete ich. „Reden sie über irgendwelche Drohungen oder körperliche Schäden?"

„Nicht, nachdem ich im Lastwagen bin. Sie denken, ich schlafe, und das tue ich auch beinahe."

„Gibt es da noch etwas, das Sie zufällig gehört haben?" wollte John wissen.

„Nein. Ich fühlte mich, als würde ich gleich bewußtlos."

Da ich mich an nichts weiter in dieser Nacht erinnern konnte, brachte John mich aus dem hypnotischen Zustand. Da es schon spät war, gingen er und Grace bald danach.

Bevor ich einschlief, sah ich immer wieder das Material durch, das wir bis dahin erkundet hatten. Es ärgerte mich, daß die Hypnosesitzungen statt Fragen zu beantworten, immer neue zutage brachten. Wie konnte ich mein ganzes Leben lang Begegnungen mit außerirdischen Wesen gehabt haben und mich nicht daran erinnern? Warum konnte ich mich nie daran erinnern, wie ich das Raumschiff verließ? Wie konnten Seth und ich als Kinder von den Wesen mitgenommen werden, ohne daß meine Eltern es merkten? Wo war Mike, als das Reptilienwesen mich vergewaltigte? Hatte ich etwas so Schlimmes getan, daß ich es verdiente, auf diese Art bestraft zu werden? Führte dieser Vorfall zu den rätselhaften Symptomen, die mich 1981 ins Krankenhaus gebracht hatten? Was wurde in dem Konferenzraum noch gesprochen, und warum konnte ich mich nicht daran erinnern? Und, am wichtigsten, was wußte ich, das „so verdammt zuviel" war? Ich war wütend, daß ich nach Hause zurückkehren mußte und diese Fragen immer noch unbeantwortet waren.

Wie ich so auf dem Bett lag und mich mit diesem Meer eines emotionalen Aufruhrs abmühte, schlich sich ein Bild in meine Gedanken. Es war ein Zimmer voller Entführter und kreidefarbener Wesen mit riesigen schwarzen Augen. Als ich mich nach der Bedeutung dieses Bildes fragte und danach, warum ich überhaupt so ein Bild vor meinem geistigen Auge sah, war es, als sagte mir eine leise Stimme: „Gott ist mit Dir, und die Familie Gottes ist mit Dir."

Ich interpretierte diese Botschaft als Bestätigung, daß die kreidefarbenen Wesen, die mich besuchten, auf Gottes Seite waren. Ich deutete es als Hinweis darauf, daß wir Entführte in diesem unbekannten Terrain beieinander waren. Ich interpretierte es als Zusicherung, daß, wenn wir zusammenarbeiteten und einander liebten, wir als Außerirdische und Entführte unter Gottes Kindern mit Gottes Stärke und unter Seiner Führung unseren Teil an einer großartigen, wunderbaren Mission erfüllen konnten. Von dieser stummen Botschaft aus den Wellen der Verzweiflung gerettet, konnte ich Schlaf finden und empfand nun Trost und Frieden.

Kapitel 9

Am nächsten Morgen, dem 22. Mai 1991, wachte ich ungewöhnlich früh auf und konnte wegen der zwei beunruhigenden Träume, die ich hatte, nicht wieder einschlafen. Im ersten wurde ich von einer mächtigen, staubsaugerähnlichen Kraft gewaltsam vor- und zurückgezogen. Ich schaute auf die Uhr, um zu sehen, wie spät es war und stellte fest, daß der Strom weg war.

Im zweiten Traum war ich zu Hause und erhielt einen Telefonanruf von einem Agenten namens Maurice. Er sagte mir, mir würde vergeben, wenn ich gestehen würde. Dann sagte er, offensichtlich zu jemandem, der bei ihm war: „Peggy, geh und hol' den Kassettenrekorder." Ich nahm an, daß er mein Geständnis aufzeichnen wollte und legte sofort auf. Bald danach erschien Maurice vor meiner Tür und verlangte ein Geständnis. Laura und Kelly schauten verwundert drein, als ich ihm sagte, ich hätte nichts Falsches getan und ich hätte nichts zu gestehen. Ich sagte ihm auch, die Regierung habe bereits Kopien meiner Dokumente und Bänder, und es gebe nichts Neues, was ich ihm sagen könnte. Dann sagte er: „Sie hatten mit dem Zwischenfall in Gulf Breeze zu tun." Ich bestand darauf, ich war nicht in Gulf. Enttäuscht, daß er kein Geständnis von mir bekommen konnte, ging er wieder.

Diese Träume beunruhigten mich, denn ich spürte, daß sie, wie andere, mit realen Elementen vermischt waren. Ich fragte mich, ob der Strom in der Nacht wirklich ausgefallen war und wenn ja, was die Ursache gewesen sein konnte. Besonders beunruhigte mich der Satz: „Sie hatten mit dem Zwischenfall in Gulf Breeze zu tun", denn ich wußte, das hatte wirklich mal ein Mann irgendwo zu mir gesagt. Aber mit was hatte der Zwischenfall zu tun? Wann ereignete er sich? Warum konnte ich mich nicht erinnern? Ich war zwei Mal in Gulf Shores in Ferien gewesen. Das ist in der Nähe von Gulf Breeze. Konnte ich während der Ferien entführt worden sein?

Grace traf sich mit mir zum Frühstück, und wir besprachen diese Träume, die Ergebnisse meiner Hypnosesitzungen und die stumme Botschaft vom vorigen Abend über die Familie Gottes. Dann fuhr sie mich zum Flugplatz und brachte mich sicher zum Flugzeug. Ihr Mitgefühl war offensichtlich und ehrlich; es tat gut zu wissen, daß ich mich auf sie und andere verlassen konnte, die ich in Springfield getroffen hatte, wenn ich in Zukunft Unterstützung oder Hilfe brauchte.

Am ersten Tag zuhause tat mein Hals extrem weh, und ich konnte kaum sprechen. Ich hatte Schwierigkeiten beim Atmen und war so schwach, daß ich den ganzen Tag im Bett lag. Ich konnte nicht verstehen, wie ich mir diese grippeartige Krankheit geholt hatte. Meines Wissens war ich keinesfalls in der Nähe von jemandem gewesen, der krank war. Und Mai war eine seltsame Zeit für ein Grippe, besonders für jemanden, der kaum krank ist. Als ich über meinen Zustand nachdachte, wurde mir plötzlich klar, wie leicht es war, jemanden zu eliminieren indem man ihm einfach Keime oder Drogen spritzt.

Mike kam an diesem Abend heim, um die Ergebnisse meiner Reise nach Springfield mit mir zu besprechen. Als ich mich umzog, fragte er, wie ich zu einem so großen blauen Fleck auf der Hinterseite meines Oberschenkels gekommen sei. Ich hatte den Fleck noch gar nicht bemerkt und hatte keine Ahnung, wo er herkam. Mike untersuchte ihn aus der Nähe und sagte, er sehe ganz frisch aus und hätte eine rote Stelle in der Mitte, die aussah, als sei eine Nadel eingeführt worden. Die Stelle war ein Rätsel; ich wußte, ich hatte nichts getan, was sie hätte verursachen können.

Mike wurde wütend, als ich ihm erzählte, ich sei von Männern in grünen Kampfanzügen entführt und in einen Konferenzraum gebracht worden. Er war wütend, daß die Männer meine Rechte verletzt und die Außerirdischen mich auf dem Feld allein gelassen hatten. Er sagte, wären die Außerirdischen meine Freunde, hätten sie das nicht getan.

Es tat gut zu wissen, daß Mike glaubte, daß meine Begegnungen echt waren, und daß ich nicht verrückt war. Bei meiner zweiten Reise nach Springfield hatte ich andere Entführte getroffen und erfahren, daß nicht alle Ehepartner Unterstützung leisteten. Ich fühlte mich glücklich, daß meiner es tat.

Nach meiner Rückkehr aus Springfield war ich eine Woche lang krank. Ich nahm die Gelegenheit wahr, herumzuliegen und das Material zu verdauen, das durch die Hypnose entdeckt worden war. Die Konferenzraum-Geschichte war die ärgerlichste. Ich war immer stolz gewesen Amerikanerin zu sein – an einem Ort zu leben, an dem ich frei war und mich von unseren Streitkräften beschützt zu fühlen. Und doch, genau die Leute, von denen ich dachte, daß sie mich schützen und verteidigen sollten, hatten mich wie eine Kriegsgefangene behandelt. Der Mann in der blauen Uniform hatte mich eine Aufwieglerin genannt. Warum? Was meinte er mit dieser Bemerkung? Ich hatte nichts getan, was unserem Militär Schwierigkeiten bereiten könnte. Und was konnte ich bloß wissen, was „so verdammt zuviel“ war? Ich erinnerte mich mit Sicherheit an nichts wichtiges.

Ich dachte mir, wenn das Militär sich solche Sorgen über das machte, was ich wußte, dann wurde ich bestimmt ständig überwacht. Ich hatte das Gefühl, ich hatte überhaupt keine Privatsphäre mehr, als ob man mich meiner ganzen Würde beraubt hätte.

Ich fühlte mich wie ein nacktes, gejagtes Tier ohne Unterschlupf. Ich fühlte mich auch einsam. In Craston gab es niemanden, mit dem ich mich getraut hätte, über die Entführungen durch das Militär und die Außerirdischen zu reden. Nicht einmal Judith, denn ihr Mann war beim Militär. Aber die Belastung, Opfer eines außerirdischen Phänomens und der damit zusammenhängenden Verschleierung durch die Regierung und das Militär zu sein, war riesig. Ich konnte sie einfach nicht für mich behalten. Ich reagierte einen Teil meiner Frustration damit ab, daß ich regelmäßig John Carpenter schrieb und Stunden mit Seth, Lori und anderen Entführten, die ich über John kennengelernt hatte, am Telefon verbrachte. Die Unterstützung dieser Leute war unschätzbar wertvoll und half mir, mit allem fertig zu werden.

Nachdem ich mich von meiner Krankheit wieder erholt hatte, suchte ich alte Fotos durch. Ich wollte sehen, ob ich welche von Seth und mir finden konnte, wie wir aussahen, als wir in dem großen, silbernen Ball mitfahren durften. Ich fand eines, auf dem wir ganz genau so aussahen, bis auf unsere Kleidung. Seth war auf dem Foto erst ein Jahr alt; ich war drei. Da ich an die Zeit vor meinem dritten Lebensjahr keinerlei Erinnerung mehr habe, muß die Tatsache, daß ich mich davor nicht an Begegnungen mit Außerirdischen erinnern kann, nicht bedeuten, daß auch tatsächlich keine stattfanden. Ich fragte mich, ob uns die Außerirdischen schon seit der Geburt besuchten. Könnte es sogar sein, daß die Außerirdischen für unsere Zeugung verantwortlich waren?

Ich hatte so viele unbeantwortete Fragen. Ich fing an, früh zu Bett zu gehen, damit ich meine Bibel lesen, beten und über meine neuen Entdekkungen über das Leben nachdenken konnte. In diesen Zeiten stiller Entspannung hatte ich gelegentlich eine Art „Geistesblitz". Ich erinnerte mich plötzlich, daß das kreidefarbene Wesen, das mich immer getröstet hatte, „Ceto" hieß, und daß seine Gruppe mir gesagt hatte, daß das Reptilienwesen, das mich vergewaltigt hatte, mich nicht wieder belästigen würde. Ich sah die Seitenansicht eines goldigen kleinen Jungen, der aussah, als wäre er etwa drei Jahre alt, als mir eine stille Stimme sagte: „Das ist dein Sohn."

In einer solchen Vision sah ich mich selbst als Erwachsene ganz allein an einem Strand stehen. Auf dem Meer war ein Militärschiff, das scheinbar auf etwas in der Luft schoß. Dann hörte ich, wie mich jemand durch ein Megaphon rief.

In einer anderen Vision sah ich einen Mann, der eine Gasmaske aufhatte und ein kreidefarbenes Wesen über der Schulter trug. Das Wesen schaute mich mit angsterfüllten Augen an. Dann sah ich ein Flugzeug, das schwankte, als würde es gleich abstürzen.

Eine weitere Vision zeigte mir eine Gruppe kreidefarbener Wesen, die die Rampe eines Raumschiffes herunterkamen. In wieder einer anderen sah ich einen Kreis mit der Botschaft: „Der Kreis ist ungebrochen." Ein weiteres Bild zeigte ein Raumschiff, das wie zwei gegeneinander gerichtete Untertassen aussah, die in der Luft schwebten. Dünne Lichtstrahlen, die aus seiner Unterseite schienen, bildeten eine Dreieckskonfiguration. Das Raumschiff schoß davon und hinterließ Pyramiden an den Stellen, an denen die Lichtstrahlen gewesen waren.

Ein ganz anderes Bild zeigte Dutzende von Raketen, die von Westen nach Osten durch den Himmel schossen und Rauchschwaden in ihrer Spur hinter sich zurückließen. Es war, als würde der Planet zerstört; ich war aber an dem Ereignis nicht beteiligt und beobachtete es aus einiger Entfernung.

Es gab noch so eine Vision, die anscheinend die Zerstörung unseres Planeten zeigte. Alles, was ich im Hintergrund sah, war braun: der Himmel, die Pflanzen, das Wasser. Ich sah alle Arten von Tieren, die nacheinander tot umfielen. Ich sah einen Vater und eine Mutter und ihre beiden Kinder auf Händen und Knien, die versuchten über den Stamm eines toten, umgestürzten Baumes zu kriechen, um an das Wasser in der Nähe zu kommen. Sie schienen dem Tod viel zu nahe, als daß sie das Wasser je erreichen könnten, aber selbst wenn, sein Gift würde sie töten. Wiederum beobachtete ich das Ereignis aus der Ferne, dieses Mal mit gemischten Gefühlen. Ich schätzte mich glücklich, daß ich diesen Schmerz nicht erleiden mußte, und doch zerriß es mir das Herz, daß ich nichts tun konnte, um diese Familie zu retten oder ihr Leiden zu mildern.

Einige dieser Visionen erschienen mir wie Botschaften unbekannten Ursprungs, andere wie Erinnerungsblitze. Was immer sie waren, sie waren seltsam und beunruhigend. Ich wußte nicht, wie ich sie deuten sollte. Ich fragte mich, wieviel noch in den geheimen Kammern meines Verstandes verschlossen war und wo ich den Schlüssel finden konnte, um diese aufzuschließen.

Mich plagten nicht nur diese seltsamen „Geistesblitze", mich verfolgten immer noch Träume über Außerirdische, vermischt mit realistischen Teilen. Am 29. Mai träumte ich, daß mir etwas Schreckliches geschähe, etwas, das mit Außerirdischen zu tun habe, und ich bat Gott, mir zu helfen. Als ich nach Gott schrie, wachte ich auf und konnte mich nicht erinnern, was mich so in Schrecken versetzt hatte.

Am 5. Juni sah ich, nachdem ich zu Bett gegangen war, blaue Lichtblitze in meinem Schlafzimmer, nahe der Decke. Sie kamen aus der Richtung des Fensters und bewegten sich zum Bad. Ich war allein zu Hause und hatte zu große Angst, als daß ich aufstehen und zum Fenster hinaussehen konnte. Da unser Haus hohe Wände hat und mein Zimmer in der zweiten Etage ist, wunderte ich mich über eine Lichtquelle, die so hoch scheinen konnte. Ich dachte, vielleicht ist es ein Hubschrauber, aber ich hörte kein Geräusch.

Ich konnte nicht lange wach bleiben, schlief ein und träumte, ich säße auf dem Beifahrersitz meines Wagens. Die Tankanzeige stand fast auf „leer", und ich machte mir Sorgen, daß das Benzin ausgehen könnte. Aber dann fiel mir auf, daß der Schlüssel nicht in der Zündung steckte, und obwohl ich keine Außerirdischen sah, schloß ich daraus, daß wohl sie das Auto steuerten. Ich sah nach oben und stellte fest, daß das Sonnendach offen war. Ich nahm an, die Außerirdischen müßten es geöffnet haben, denn ich war es nicht gewesen.

Später fand ich mich in ungewohnter Umgebung wieder; ich lag auf einer niedrigen Plattform. Drei Außerirdische untersuchten einen Mann, der links von mir lag. Sie legten ein käfigähnliches Gerät auf seine Nase. Als sie damit fertig waren, kamen sie rüber und machten dasselbe mit mir. Ich fühlte einen leichten Druck, aber keinen Schmerz. Dann schnitten sie ein kleines Stückchen Haut hinter meinem Ohr ab. Ich war überrascht, daß das nicht weh tat oder blutete. Diese Außerirdischen gehörten nicht zu Cetos Rasse. Sie sahen fast menschlich aus, mittleren Alters, mit breiten Nasen und abstehenden Ohren. Sie waren nackt, ihre langen Penisse standen steif von ihrem Unterleib ab. Sie sprachen Englisch mit monotonen Stimmen. Ich fragte sie, woher sie kämen. Sie sagten, es hätte keinen Wert, wenn sie mir das sagten, denn ich hätte keinerlei Vorstellung von dem Ort. Ich fragte sie, warum Agenten mich wegen meiner Begegnungen mit Außerirdischen jagten. Sie brachen in Gelächter aus. Einer von ihnen sagte, das komme, weil die Menschen so primitiv seien und sich zu sehr von staatlichen, politischen und religiösen Konflikten einnehmen ließen. Ich wachte auf und war enttäuscht, daß sie keine detailliertere Erklärung geliefert hatten.

Am Abend des 23. Juni hatte ich wieder eine Vision, und der war besonders beunruhigend. Während ich meine Bibel las, sagte mir eine stille Stimme, ich würde gebraucht um das Wort von der Existenz der Außerirdischen und ihren Besuchen zu verbreiten und zwar durch Reden und Schreiben. Mir wurde gesagt, die Wesen würden die Erde öfter und in größerer Zahl besuchen, und die Menschen müßten darauf vorbereitet werden.

„Oh, nein“, widersprach ich im stillen. „Nicht ich. Auf gar keinen Fall! Ich kann mich auf so was nicht einlassen. Die Agenten der Regierung und des Militärs, die mich beobachten, würden mein Leben zur reinsten Hölle machen. Ich würde meiner Familie Leid bringen. Ich kann das nicht.“ Aber der Geistesblitz ging weiter. Er sagte mir, die Wesen würden versuchen, jeden daran zu hindern, mir wirklichen Schaden zuzufügen, obwohl ich der Lächerlichkeit preisgegeben und verfolgt werden würde. „Das ist nötig“, hieß es. „Jemand muß die Öffentlichkeit informieren. Wir brauchen dazu deine Hilfe.“

Ich versuchte, die Botschaft zu ignorieren und sagte mir, jetzt müsse ich wohl wirklich verrückt geworden sein. Ich hatte immer gehört, daß es ein Zeichen geistiger Verwirrtheit sei, wenn man „Stimmen höre“. Vielleicht müßte ich mich einfach wieder mehr um normale Dinge kümmern, damit ich geistig wiederhergestellt würde.

Zwei Abende später beschloß ich, Judith anzurufen, aber das Thema Außerirdische wollte ich vermeiden. Ich hatte seit dem 6. Mai nichts mehr von ihr gehört, dem Tag als sie wütend geworden war, weil ich wieder von militärischen Verschleierungsaktionen sprach, und mir fehlte ihre Kameradschaft. Da ich mich um das Thema Außerirdische herumschlich, stand unser Gespräch unter einer gewissen Spannung. Schließlich kamen wir doch auf das Thema. Judith erinnerte mich daran, daß unser Militär seit Projekt Blue Book die Außerirdischen nicht mehr erforscht habe. Sie sagte mir, sie hätte das Gefühl, ich hätte gelogen, als ich von den militärischen Verschleierungsaktionen sprach, und da ich da gelogen habe, müsse ich wohl auch bei den Begegnungen mit Außerirdischen gelogen haben.

Das tat mir sehr weh. Ich wußte, ich hatte gerade wegen des außerirdischen Phänomens jemanden verloren, den ich sehr mochte. Ich ging niedergeschlagen zu Bett und las wie gewöhnlich meine Bibel, bevor ich das Licht ausschaltete. Während ich las, fühlte ich, wie eine unbeschreibliche Welle des Friedens über mich kam, und ich sagte mir: „Ich brauche Judith nicht. Ich habe Gott. Ich habe meine neuen Freunde in Missouri. Alles ist in Ordnung.“

Dann ergriff mich wieder eine dieser seltsamen Visionen. „Die Geschichte mit Judith war ein Test“, hieß es. „Das war ein Vorgeschmack auf die Diskreditierung, das Lächerlichmachen und den inneren Schmerz, der dir begegnen wird, wenn du anderen von deinen Erlebnissen erzählst. Die Tatsache, daß du zufriedenstellend mit der Situation umgehen konntest, ist der Beweis, daß du auch in Zukunft mit Situationen dieser Art umgehen können wirst. Wir brauchen dich, damit das Wort verbreitet werden kann, damit die Leute vorbereitet sind.“

„Jetzt verliere ich aber wirklich den Verstand", dachte ich. Ich verstand nicht, was der Ursprung dieser Visionen war. Warum hatte ich die nicht, bevor ich mit der Erforschung der Begegnungen mit den Außerirdischen begonnen hatte? Was bedeuteten sie? Warum hatte ich sie? Ich verstand sie nicht und ich mochte sie nicht, ganz besonders die nicht, die mir sagten, ich solle mich vor aller Öffentlichkeit zum Hanswurst machen.

Mit den unerklärlichen Botschaften, Erinnerungsblitzen und seltsamen Träumen fertig zu werden, laugte mich emotional schon sehr aus, aber auch andere seltsame Ereignisse drangen weiterhin in mein Leben.

Etliche Male klingelte es an der Tür und hörte nicht mehr auf. Und doch, wenn ich zur Tür ging, war niemand da.

Eines Nachmittags, ich fuhr zu einem Managementkurs, den ich belegt hatte, überfuhr ich eine Ampel, die gerade rot wurde. Ich fuhr fünfundsiebzig Stundenkilometer. Ich bemerkte, daß auch das dunkelblaue Auto hinter mir die Ampel überfuhr. „Der Fahrer ist doch ein Idiot, daß er so über eine rote Ampel braust. Der muß es aber eilig haben."

Ich verlangsamte auf siebzig Stundenkilometer, damit er mich überholen konnte. Ich sah, daß er nicht vorbeifuhr und ging auf sechzig Kilometer runter. Er fuhr immer noch nicht vorbei. „Folgt der mir?" fragte ich mich.

Ich verlangsamte auf fünfzig, dann auf dreißig Stundenkilometer, und fuhr mit der Geschwindigkeit eine ganze Weile weiter. Er überholte mich immer noch nicht, und so verließ ich die Straße an einer Tankstelle. Ich sah „U.S. Air Force" in Gelb auf das Dunkelblau des Wagens gemalt, als er vorüberfuhr. Ich fuhr wieder auf die Straße, ordnete mich links ein und hielt an einer roten Ampel links neben dem Wagen an. Drinnen saßen drei Männer in grünen Kampfanzügen. Ich sah sie mir sorgfältig an. Einer kam mir etwas bekannt vor, aber ich konnte mich nicht erinnern, wo ich ihn schon einmal gesehen hatte. Sie schauten weg, als sie sahen, daß ich sie anstarrte und verließen die Straße bald an einer Ausfahrt. Ich war wütend, verwirrt und hatte Angst. Es war ganz offensichtlich, die Männer folgten mir, aber warum? Warum spielten sie dieses blöde Spiel mit mir?

Warum kamen sie nicht einfach zu mir nach Hause, sagten mir, sie wüßten, daß ich in Entführungen durch Außerirdische verstrickt sei und besprachen die Sache wie vernünftige Erwachsene? Es wäre mir eine Freude gewesen, mit ihnen zusammenzuarbeiten, wären sie ehrlich zu mir gewesen.

Der nächste beunruhigende Zwischenfall ereignete sich am Abend des 1. Juli. Ein Geräusch wie Schritte auf unserer Eichentreppe weckte mich auf. Ich dachte, vielleicht seien Laura oder Kelly wach und schlief wieder ein. Die Klingel und Lauras Stimme weckten mich wieder auf. Laura sagte, es hätte eine ganze Weile an der Tür geklingelt, und sie habe sich gewundert, warum ich nicht nachgesehen hätte. Benommen kletterte ich aus dem Bett, stolperte die Treppe runter, öffnete die Tür und drückte die Klingel, bis sie aufhörte zu läuten. Ich ging wieder ins Bett und dachte, vielleicht sei die hängengebliebene Klingel ein Zeichen, daß die Wesen in dieser Nacht wieder zu Besuch kommen würden. Ich versuchte, wach zu bleiben, denn ich wollte mich an die bevorstehende Begegnung bewußt erinnern. Aber ich konnte meine Augen nicht lange offen halten.

Dann träumte ich, daß mein Körper zitterte, und ich wußte, daß das von der Kraft kam, die die Wesen benutzten, um mich aus dem Haus zu kriegen. Im Traum schaute ich auf die digitale Uhr, um zu sehen, wie spät es war. Sie blinkte nur. Ich griff nach rechts zur Lampe, damit ich die Zeit auf meiner mechanischen Uhr erkennen konnte. Die Lampe ging nicht an; der Strom war ausgefallen. Ich nahm die mechanische Uhr in die Hand und drehte sie, um die Uhrzeit erkennen zu können. Es war 3.37 Uhr. Als ich die Uhr wieder auf den Tisch stellte, drehte ich sie von mir weg, denn etwas daran stach mir in die Augen. Ich zitterte immer noch wegen der Kraft. Ich verspürte einen leichten Schmerz in meiner rechten Schläfe, stärkere Schmerzen und eine Schwellung an der rechten Seite meines Halses und Kopfes und Schwellungen in den Augen. Dann spürte ich, wie ich mich bewegte. Mein rechtes Auge schwoll rasch so sehr an, daß ich damit nichts mehr sehen konnte.

Als ich mich nicht mehr bewegte, sah ich weiße Wände, und ich wußte, ich konnte nicht mehr bei mir zu Hause sein. Dann sah ich ein Wesen, das durch eine Tür kam. „Ceto!“ rief ich. Aber das Wesen antwortete nicht; als es näher kam, merkte ich, daß es nicht Ceto war. Bald waren wir in einem anderen Raum. Ich wußte, das Wesen bereitete sich darauf vor, etwas mit meinem Körper zu machen. Ich hatte Angst und bat ihn: „Bitte tu mir nicht weh.“ Er lächelte und gab Töne von sich, und ich wußte, sie hießen: „Nein, nein. Ich werde dir nicht weh tun.“ Dann nahm er ein cremefarbenes Röhrchen mit einer Rundung in der Größe eines Pfennigs am Ende und befestigte das an meinem Körper. Ich fühlte mich, als würde alle Luft aus meinem Körper gesaugt, und empfand dann einen Druck, als würde die Luft wieder zurückgeblasen. Ich betete im stillen: „Gott, bitte laß mich all das im Gedächtnis behalten.“ Als ich aufwachte, war es auf der Digitaluhr 4.37 Uhr. Ich fragte mich, ob ich eine ganze Stunde lang geträumt hatte oder ob Teile meiner Erinnerungen echt waren.

Ich schlief noch ein bißchen. Als ich schließlich aufstand, fühlte ich mich schwach und mir war übel. Meine Arme und Finger waren so geschwollen, ich konnte kaum meine Uhr und meine Ringe anziehen. Im Laufe des Tages wurde mein rechter Arm zunehmend wund. Ich betrachtete ihn schließlich näher und entdeckte drei rote Male, die aussahen, als wäre an diesen Stellen eine Nadel eingeführt worden.

Dann erinnerte ich mich an den Traum, den ich am 22. Mai gehabt hatte, meiner letzten Nacht in Springfield. Zwischen jenem Traum und diesem letzten gab es drei Ähnlichkeiten. In beiden wurde ich von einer Kraft geschüttelt, der Strom fiel aus und ich hatte hinterher unerklärliche Male am Körper. Ich hatte das Gefühl, daß diese Ähnlichkeiten keine Zufälle waren.

Am 4. Juli versuchte ich, von dem außerirdischen Phänomen loszukommen und es aus meinen Gedanken auszusperren. Mike, unsere Töchter und ich fuhren über den Feiertag zu meinen Eltern, wo Seth, Lori, Lynda und deren Kinder auf uns warteten. Wir spielten Krocket, stopften uns mit selbstgemachtem Eis voll und spritzten uns im Hof mit Wasserpistolen naß. Ich versuchte zwar fröhlich zu sein, aber im stillen ärgerte es mich doch, Freiheit und Unabhängigkeit zu feiern, wenn ich mich so fühlte, als wäre mir die meine genommen worden.

An diesem Abend ließen Mike und ich Laura und Kelly bei meinen Eltern und fuhren nach Tuscaloosa, wo Mike zur Zeit arbeitete. Wir wollten die Nacht in Mikes Hotelzimmer verbringen und am nächsten Tag, sobald er mit der Arbeit fertig war, nach Chicago fliegen, um an der jährlichen internationalen Konferenz des Mutual UFO Network (MUFON) teilzunehmen. Das sollte unsere erste UFO-Konferenz werden. Mike und ich wollten unbedingt alles über das Phänomen erfahren, was wir nur konnten. Und außerdem hatte John Carpenter das Gefühl, daß ich, um mich zu schützen, ein paar vertrauenswürdigen Leuten von meinen Begegnungen mit den Leuten erzählen sollte, die offensichtlich im Auftrag der Regierung oder des Militärs handelten.

Als Mike und ich in dem Hotel ankamen, bemerkten wir ein Fahrzeug mit dem Nummernschild der Regierung der Vereinigten Staaten, das in der Nähe von Mikes Zimmer geparkt war. Wir fanden es seltsam, daß ein Angestellter der Regierung am 4. Juli die Nacht in einem Hotel in Tuscaloosa, Alabama, verbringen würde. Daher riefen wir Seth an und gaben ihm das Kennzeichen durch, als Vorsichtsmaßnahme.

Mike stand am nächsten Morgen früh auf und ging zur Arbeit. Ich schlief wieder ein und hatte einen weiteren seltsamen Traum. Etliche Kollegen luden mich ein, mit ihnen zum Mittagessen zu gehen, aber ich wollte während der Mittagspause lieber arbeiten. Ich ging einen langen Gang in dem Gebäude entlang, als ich jemanden flüstern hörte: „Leah". Ich sah mich um, aber da war niemand. Ich ging weiter den Gang entlang. Ein paar Sekunden später hörte ich wieder, wie jemand meinen Namen flüsterte. Ich sah mich in alle Richtungen um, sah aber immer noch niemanden. Ich erinnerte mich, daß ich gehört hatte, daß Außerirdische Entführte manchmal beim Namen riefen. Dann fühlte ich, wie mich eine Kraft einhüllte. Ich sah, wie eine Tür aufging und ein sehr kleines Wesen auf mich zuging. Es sah fast komisch aus in seinem blauen Overall mit den roten Verzierungen.

Die Szene wechselte; ich fand mich in etwas wieder, das wie ein Raumschiff aussah. Aber als ich mich umsah, wußte ich, daß es kein Raumschiff sein konnte, die Geräte waren zu primitiv. Ich sah Skalen, Anzeigen und Bildschirme, die alle aussahen wie von Menschenhand gemacht. Während ich diese Geräte genau betrachtete, ging eine Tür auf, und herein kam das kleine Wesen, das ich schon zuvor gesehen hatte. Ihm folgte ein Mann, der ein L-förmiges Instrument in meinen linken Arm stach. Er sagte mir, ich solle es da lassen, er käme gleich wieder zurück. Er ging weg, blieb aber unter der Tür stehen, als weitere Männer ins Zimmer kamen. Sie sahen alle aus wie Typen vom Militär: Kurze Haare und dünne Körper. Zwei Männer trugen schwarze Hosen und weiße Hemden mit schwarzen Streifen auf den Schultern. Einer trug eine khakifarbene Uniform. Die Kleidung des anderen habe ich nicht gesehen.

Die Männer standen um mich herum, und ich verlangte zu wissen, was sie mit mir vorhatten. Ich sagte ihnen, ich hätte ein Recht, das zu wissen. „Wenn Sie von Agenten verfolgt, ihr Telefon abgehört und Sie belästigt würden, wollten Sie doch auch wissen, warum", erklärte ich.

Einer der Männer sagte zu einem anderen: „Sie wissen, daß sie recht hat. Wenn Sie in ihrer Haut steckten, wollten Sie auch wissen, was vor sich geht. Sie hat ein Recht, es zu wissen."

Als ich ihre Gesichter musterte in der Hoffnung, einer von ihnen würde es mir sagen, bemerkte ich, daß einer einen falschen Schnurrbart hatte, der abgerissen war. Ein Stück klebte an seinem Hemd.

„Übrigens", sagte ich, „Ihr Schnurrbart fällt runter." Die anderen schauten ihn an und lachten, da wachte ich auf. „Verdammt!" dachte ich. „Warum mußte ich aufwachen, bevor meine Fragen beantwortet wurden?"

Der Traum war beunruhigend. Wieder fragte ich mich, ob Teile daraus wirklich geschehen waren und die Erinnerung in Gestalt eines Traumes kam. John Carpenter hatte mir gesagt, das könne vorkommen. Ich fragte mich, ob unser Militär mit Außerirdischen zusammenarbeitete. Der Außerirdische war derselbe, von dem ich auch schon am 1. Juli geträumt hatte. Warum träumte ich zwei Mal in einer Woche von ihm? Und wenn das nur ein Traum war, woher kam dann diese Vorstellung von dem Außerirdischen? Ich hatte noch nie Bilder oder einen Film gesehen, die einen Außerirdischen so dargestellt hätten. Er hatte die Größe eines Kleinkindes.

Er hatte am Hinterkopf geflochtenes Haar, das seitlich zur Mitte gebürstet war und mich an eine Gummibabypuppe erinnerte, die ich als Kind besessen hatte. Er hatte einen schmalen Schlitz als Mund und runde Augen.

Ich fragte mich, ob es da draußen wirklich einen Mann gäbe, der mir die Wahrheit sagen wollte über das, was mit mir vorgeht. Jemand, der sich um seine Mitmenschen Gedanken machte und tun wollte, was richtig ist. Ich mußte glauben, daß es ihn gab; ich brauchte eine Hoffnung, an der ich mich festhalten konnte. Hoffnung, daß ich eines Tages die ganze Wahrheit über das Außerirdischen-Phänomen und das Interesse unserer Regierung daran erfahren würde.

Bei der MUFON-Konferenz konnte ich meine Erlebnisse mit Agenten der Regierung und des Militärs etlichen Leuten gegenüber enthüllen, denen John vertraute. Jetzt, da andere meine Lage kannten, war nicht mehr sichergestellt, daß, würde man mich eliminieren, die Information auch mit mir sterben würde. Ich fühlte mich mit diesem Wissen ein bißchen getröstet.

Nachdem wir von der Konferenz wieder nach Hause zurückgekehrt waren, kamen die verwirrenden Geistesblitze wieder. Am 13. Juli sah ich das Bild eines riesigen Felsens, in den Objekte geschnitzt waren: ein vierzackiger Stern, ein rundes Objekt, das aussah wie eine antike Münze und die Seite eines nicht zu identifizierenden Tieres. Dann sah ich konzentrische Kreise, Kreise in Spiralen, die am Anfang und am Ende offen waren, einen Flugzeugpropeller und ein Wagenrad; diese drehten sich alle gegen den Uhrzeigersinn. Ich hatte das Gefühl, diese Objekte standen irgendwie mit den Kornkreisen im Zusammenhang, die in der ganzen Welt aufgetaucht waren. Das letzte Bild, das ich sah, war ein Traktor, der ein Feld pflügte. Dort waren Särge mit kreidefarbenen Wesen beerdigt.

In der nächsten Nacht tauchten weitere Bilder auf. Zuerst erschienen die sich drehenden Kreise und Spiralen. Als diese verschwanden, sah ich Männer in grünen Kampfanzügen, die in eine Öffnung an der Seite eines Erdhügels stiegen. Getarnte Türen verbargen den Eingang, wenn sie geschlossen waren. Außerhalb der Einrichtung stiegen Männer in einen Jeep. Einer trug ein Fernglas und sah zum strahlendblauen Himmel. Diese Szene wechselte, und ich sah verschiedene Engel, dann wieder rotierende Kreise.

Bald nachdem ich diese Bilder gesehen hatte, schlief ich ein und empfing im Traum eine Botschaft. Oder vielleicht empfing ich sie, als ich einen Moment lang wach war; ich weiß es nicht. Der Inhalt der Botschaft war, daß die menschlichen Denkprozesse zu begrenzt sind, daß wir Menschen diesen Prozessen unnötige Zwänge auferlegen, die wir freigeben sollten.

Die Visionen kamen so oft, ich fing an zu glauben, sie seien irgendwie von besonderer Bedeutung, es stünde ein Zweck dahinter. Einer, den ich nicht verstand, aber auch einer, den ich nicht ignorieren durfte. Aber woher kamen diese Botschaften? Kamen sie von Gott? Kamen sie von den Wesen? Waren es Schöpfungen meines eigenen Verstandes? Stammten sie von einer Gruppe in unserer Regierung oder unserem Militär, die an mir sadistische Gedankenkontrollexperimente durchführten? Waren es Erlebnisse, die vor meiner bewußten Erinnerung ausgesperrt worden waren und jetzt durchsickerten?

Ich sagte Mike, ich könne nicht weiter auf meine Doktorwürde hin arbeiten, wie ich es ursprünglich vorgehabt hatte. Bei der MUFON-Konferenz hatte ich andere Leute getroffen, die ähnliche verwirrende Gedankenblitze und Träume von einem Eindringen Außerirdischer hatten und erfahren, daß es unwahrscheinlich war, daß das aufhören würde. Sie zu verarbeiten, beanspruchte inzwischen so viel von meiner Zeit und Energie, daß ein Leben, das dem konzentrierten Studium gewidmet war, nun nicht mehr in Frage kam. Es war ironisch: Einer der Gründe, warum ich nach Craston gezogen war, war, daß ich hier meinen Doktor machen konnte. In gewisser Weise hatte ich das Gefühl, ich war gescheitert, andererseits aber auch, daß etwas noch Wichtigeres auf mich wartete, aber noch wußte ich nicht, was es war.

Kapitel 10

In der letzten Juliwoche des Jahres 1991 ging ich wieder nach Springfield zu einer weiteren Reihe von Hypnosesitzungen. Ich fuhr die lange Strecke alleine und dachte über alles nach, was seit dem letzten Juli geschehen war, als das Gespräch am Frühstückstisch meiner Eltern meine Ermittlungen über eventuelle Begegnungen mit UFOs in Gang gesetzt hatte.

Viel war seither geschehen. Die Hypnose hatte gezeigt, daß meine Begegnungen mit Außerirdischen echt waren, nicht nur Träume. Ich hatte seltsame Visionen, die ich nicht verstand. Und ich hatte erfahren, daß, was auch immer mit mir geschah, es für bestimmte Leute an staatlichen oder militärischen Stellen von höchstem Interesse war. Und doch fühlte ich mich den Antworten noch nicht näher, die ich doch so dringend brauchte. Wieder hoffte ich, daß die nächste Folge von Hypnosesitzungen diese Fragen beantworten würde.

Ich hatte John gegenüber früher einmal erwähnt, daß ich mich erinnere, im Dezember 1990 zwanzig Minuten an fehlender Zeit gehabt zu haben. Und so beschloß John, diesen Vorfall in unserer ersten Sitzung zu erforschen. Bevor er mit der Entspannung begann, bat John mich, ihm und Grace zu beschreiben, an was ich mich an jenem Dezemberabend noch bewußt erinnerte.

Ich sagte ihnen, ich habe Kelly und ihre beste Freundin ins Kino am anderen Ende der Stadt gefahren. Normalerweise hätte ich fünfundzwanzig Minuten gebraucht, um wieder nach Hause zu fahren, aber ich kam fünfundvierzig Minuten später zu Hause an, dieser Zeitverlust machte mich benommen und verblüffte mich. Bald mußte ich wieder zum Kino zurückfahren, um die Mädchen abzuholen. Als ich mich auf Sicherheitslichter an einer Straße in der Nähe unseres Hauses konzentrierte, ereilte mich plötzlich ein erschreckender Erinnerungsblitz an ein Licht, das mir in den Rückspiegel schien. Am nächsten Morgen wachte ich ohne ersichtlichen Grund mit Schmerzen im unteren Teil des Rückens auf, die etliche Tage lang so schlimm waren, daß ich kaum sitzen oder stehen konnte.

Da ich mich nicht bewußt an weitere Details dieses Zwischenfalls erinnern konnte, begann John mit der Hypnose.

Ich erinnerte mich dann, daß es für Dezember recht warm war. Ein leichter Regen schlug sanft an meine Windschutzscheibe, als ich die Mädchen ins Kino fuhr. Als sie ausstiegen, sagte Kelly mir, ich solle sie um 21.30 Uhr wieder abholen. Ich begann die Heimfahrt. Als ich in unsere Gegend kam, bemerkte ich, daß ein helles Licht in meinen Wagen schien. Ich konnte seine Quelle nicht feststellen. Bald sah ich Rot, das in meinem Rückspiegel reflektierte und stellte fest, es kam vom Licht, das in dem Stoppschild hinter mir reflektierte. Ich konnte mich nicht erinnern, wie ich die Straße verlassen und den Wagen angehalten hatte, aber ich fand mich neben dem Wagen stehend wieder; ich fragte mich, wann es aufgehört hatte zu regnen und bemerkte eine gespenstische Stille. Ich sah das helle Licht nicht mehr. Statt dessen sah ich ein Objekt, das über den Himmel hinwegschoß und verschwand und einen Hubschrauber, der über der Gegend kreiste. Ich fuhr nach Hause und sah auf die Küchenuhr. Ich hatte keinerlei Erinnerung an die seltsame Begegnung und fragte mich, warum ich so lange gebraucht hatte, bis ich vom Kino wieder zu Hause war.

Da ich mich an nichts mehr aus dieser Nacht erinnern konnte, brachte John mich aus der Hypnose. Ich war enttäuscht von der Sitzung, denn es gab anscheinend immer noch unausgefüllte Zeitlücken. An was ich mich erinnerte, konnte wohl kaum zwanzig Minuten ausfüllen.

Als ich später über diesen Zwischenfall nachdachte, erinnerte ich mich, daß, als ich die Straße verlassen hatte, ein kreidefarbenes Wesen neben meinem Wagen erschien, die Tür öffnete, mich bei der Hand nahm und mir aus dem Wagen half. Aber an mehr konnte ich mich nicht erinnern.

Die Hypnosesitzung am nächsten Abend war produktiver. John entschied sich zuerst die Nacht des 1. Juli, als meine Türklingel hängen blieb, zu untersuchen. Als ich im Entspannungszustand war, bat er mich, mich darauf zu konzentrieren, wie ich im Bett lag und warum ich mich zuerst bewegte.

„Es klingt so, als ginge jemand die Treppe hoch", sagte ich. „Ich glaube, Laura oder Kelly sind auf."

„Okay", sagte John. „Stellen Sie nun fest, ob Sie einfach wieder einschlafen oder weiterhin aufpassen, ob jemand im Haus ist. Vielleicht sind nur Ihre Töchter auf, und das ist alles, was an der Sache dran ist. An was erinnern Sie sich jetzt, da Sie den Moment wieder erleben?" John machte ein paar Sekunden Pause. „Was fällt Ihnen auf? Sie fühlen etwas. Was fällt Ihnen auf?"

„Jemand ist bei mir im Zimmer", antwortete ich. „Jemand sagt: ‚Halt still. Sei still. Halt still, verdammt.'"

„Erscheint die Stimme echt?"

„Ich bin mir nicht sicher", sagte ich und fühlte mich benommen. „Ich möchte einfach einschlafen."

„Bewegen Sie sich jetzt einen Moment weiter vorwärts", wies John mich an. „Was bemerken Sie als nächstes?"

„Die Türklingel läutet. Sie klemmt. Es hört nicht auf. Laura kommt in mein Zimmer und sagt, es klingle schon seit langem. Sie fragt, warum ich nicht aufgestanden sei, um sie abzustellen. Ich gehe runter. Ich bin wirklich schläfrig. Ich öffne die Tür, aber Laura sagt: ‚Warte einen Moment.' Sie fragt mich, ob ich die Alarmanlage ausgestellt habe, und ich sage ihr, nein. Daher geht Laura an mein Telefon und stellt sie ab. Ich öffne die Tür und drücke auf den Klingelknopf, bis er nicht mehr klingelt. Dann schließe ich die Tür ab und gehe nach oben. Ich setze mich aufs Bett und stelle die Alarmanlage mit dem Telefon wieder an."

„Was waren Ihre Gedanken zur Türklingel?" fragte John.

„Ich denke, das Wesen hat wahrscheinlich damit gespielt. Ich bin wirklich müde, aber ich möchte wach bleiben, falls die Wesen kommen. Aber sie kommen nicht, und so schlafe ich wieder ein."

„Bewegen Sie sich zeitlich weiter vorwärts", wies John mich an, „und achten Sie nun auf alles, das Ihren Schlaf stört, oder ob Sie bis zum Morgen friedlich schlafen."

„Ich bin krank. Mein Magen tut weh", sagte ich.

„Was machen Sie mit Ihrem Magen?" fragte John.

„Ich kann nichts machen", erklärte ich. „Ich bin zu krank. Ich verspüre einen starken Schmerz mitten in meinem Magen. Mein Kopf schwillt an, ich fühle mich schwindlig, schwach und ich zittere."

„Sie verspüren Übelkeit, aber Sie können sich nicht bewegen?" fragte er.

„Nein, ich bin zu schwach", erklärte ich. „Mir geht es schlecht. Ich liege auf meinem Magen und halte ihn. Ich möchte sterben. Ich möchte einfach sterben."

„Bewegen Sie sich jetzt zeitlich weiter vorwärts", sagte John, „und sehen Sie, was Sie dagegen tun oder was als nächstes geschieht." „Ich liege auf dem Rücken und die kreidefarbenen Wesen stehen um mich. Sie sehen mich an. Ich verstehe nicht, was geschah. Jetzt geht es mir wieder gut. Mein Magen tut nicht mehr weh. Es geht mir gut."

„Sind Sie immer noch in Ihrem Schlafzimmer?"

„Nein", antwortete ich. „Das Licht ist zu hell. Die Wesen sehen mich einfach nur an. Ich frage mich, warum sie einfach nur um mich herumstehen und mich ansehen. Sie machen nicht, was sie sonst mit mir machen. Eines von ihnen berührt meine Stirn. Eines öffnet mein Augenlid und schaut mir ins Auge. Eines sagt: ‚Wir haben dir doch gesagt, wir würden uns um dich kümmern. Dir geht es bald wieder gut.‘ Er sagt es mit seinen Augen. Sie sprechen immer mit ihren Augen.“

„Gehen Sie ein bißchen weiter“, forderte mich John auf. „Was geschieht als nächstes?“

„Sie helfen mir, mich aufzusetzen. Mein rechtes Auge fühlt sich etwas geschwollen an. Und die rechte Seite meines Kopfes. Ich möchte nach Hause und ins Bett.“

„Was fällt Ihnen auf, nachdem Sie sich aufgesetzt haben?“ fragte John.

„Einer von ihnen streicht mit seiner Hand über mein Gesicht. Er untersucht mich, wie jemand einen berührt, um zu sehen, ob er Fieber hat. Sie heben mich ein oder zwei Minuten lang hoch. Dann lassen sie los. Ich will heim.“

„Was geschieht als Nächstes?“ fragte John.

„Ich bin wieder im Bett“, antwortete ich.

„Nun hatten Sie einen Traum, in dem Sie Menschen sahen und etwas, das wie von Menschenhand gemachte Maschinen aussah. Wenden Sie sich dem einen Moment lang zu. Denken Sie über diesen Traum nach, und sehen Sie, ob Ihnen dazu noch etwas einfällt.“

„Ich sehe einfach immer diese Männer. Eine Gruppe Männer.“

„Was ist mit dieser Gruppe Männer?“ fragte John.

„Das ist mir nicht klar. Ich weiß nicht, wo ich bin“, erklärte ich.

„Sie wissen nichts über den Zeitpunkt und darüber, wann und wo Sie sich befinden. Ich lasse Sie nun los, damit Sie alles erforschen können, was Sie sich ansehen möchten. Denken Sie einen Moment lag nach, und sagen Sie uns dann, auf was Sie neugierig sind, was Sie sich näher ansehen möchten.“

„Es ist so verwirrend. Ich weiß nicht, wer diese Männer sind. Ich weiß nicht, wo ich bin“, sagte ich, verärgert, daß ich mich immer noch nicht orientieren konnte.

„Fühlen sie sich echt an, oder wieder wie ein Traum?“ wollte John wissen.

„Nein, sie sind echt“, sagte ich mit Nachdruck, „aber ich weiß nicht, wo ich bin. Ich weiß nicht, wer sie sind. Sie nennen mich beim Vornamen. Ich weiß nicht, warum sie das tun.“

„Diese Männer sehen wie normale Männer aus?“ fragte John.

„Ja.“

„Was haben sie an?“

„Einer hat ein weißes Hemd an, der mit dem dunkelbraunen Haar und dem Schnurrbart. Sie haben alle kurzes Haar. Ein Mann hat eine khakifarbene Uniform an.“

„Wer ist der Chef?“ wollte John wissen.

„Ich glaube der in der khakifarbenen Uniform“, antwortete ich. „Er sagte dem mit dem weißen Hemd, er solle mir eine bestimmte Medizin geben.“

Meine Erinnerung war getrübt; ich konnte mich an nichts anderes erinnern, als daß der Mann in Khaki sagte, man solle mir eine bestimmte Menge verabreichen. John brachte mich an diesem Punkt aus der Hypnose. Ich beklagte mich, daß ich mich bei diesem letzten Zwischenfall an nicht viel erinnern konnte. John und Grace erklärten, daß es mir wahrscheinlich schwer fallen würde, mich an mehr Details zu erinnern, wenn man mir eine Spritze gegeben hatte.

Wieder in meinem Hotelzimmer, konnte ich nicht schlafen und ging immer und immer wieder die Sitzung durch, die wir gerade abgeschlossen hatten. Alle möglichen Fragen rasten durch meinen Kopf, als ich die Folge von Ereignissen in dem ersten Zwischenfall, den wir erforscht hatten, noch einmal durchging. Warum kam in meinem Traum auch ein Wesen vor, das anders war als die, an die ich mich unter Hypnose erinnerte? Wessen Tritte hörte ich auf der Treppe? Wer war der Mann, der mir sagte, ich solle still halten? War er allein? Wer oder was war für die drei Einstichstellen verantwortlich, die ich am nächsten Tag auf meinem Arm entdeckte? Wenn der Mann dafür verantwortlich war, hatte er dann versucht, mich umzubringen? Und wenn ja, warum? Wollte jemand verhindern, daß ich die MUFON-Konferenz in Chicago besuchte? Wie krank wäre ich geworden, wenn die Wesen mich in der Nacht nicht besucht hätten? Konnte es sein, daß ich mir die Gegenwart des menschlichen Wesens nur vorgestellt hatte? Hatte ich mir den ganzen Zwischenfall nur vorgestellt? Nein. Zumindest kannte ich die Antwort auf meine letzte Frage. Ich hatte drei Male an meinem Arm, die bewiesen, daß etwas geschehen war.

Genauso frustriert war ich über meine Unfähigkeit, mich an den zweiten Zwischenfall zu erinnern. Johns und Graces Erklärung über die mögliche Drogeneinwirkung konnte mich kaum trösten. Wer waren diese Männer, die mir eine Spritze gegeben hatten? Warum taten sie das? Wann geschah es? Wo war ich? Welche Art Droge bekam ich? Würde sie irgendwelche Langzeitwirkungen haben? Warum konnte ich mich nicht bewußt an dieses Ereignis erinnern? Ich fragte mich, wieviele solcher Zwischenfälle noch aus meiner Erinnerung ausgesperrt waren und ob sie überhaupt je an die Oberfläche meines Bewußtseins kämen.

Kapitel 11

Am nächsten Abend beschloß John, einige der Visionen zu untersuchen, die mich beunruhigt hatten. Nach dem Entspannungsprozeß bat er mich zu beschreiben, was ich über ein Schiff noch in Erinnerung hatte, das auf etwas in der Luft schoß.

„Das ergibt überhaupt keinen Sinn", war mein erster Kommentar.

„In Ordnung. Was sehen Sie, das überhaupt keinen Sinn ergibt?" fragte John.

„Sie wissen, daß Sie nichts zurückhalten sollen. Erzählen Sie alles." John hatte aus der Erfahrung gelernt, daß ich mich dem nicht stellen wollte, an was ich mich im hypnotischen Zustand erinnerte, oder daß ich zögerte, etwas in Worte zu fassen, wenn ich nicht verstand, was ich erlebte.

„Ich gehe raus aufs Meer zu dem Schiff", sagte ich zögernd. „Es ergibt überhaupt keinen Sinn. Ich bin in einem kleinen Boot."

„Schauen Sie in dieses Boot und sehen Sie, ob Sie alleine sind."

„Ich sitze einem Mann gegenüber. Ein junger Kerl. Er trägt eine weiße Uniform. Das ... das kann nicht sein!"

John ignorierte meinen Protest. „Nimmt er Ihre Gegenwart in irgendeiner Weise wahr?"

„Ich bin wie benebelt", erklärte ich. „Ich weiß nicht, was vor sich geht."

„Haben Sie vorher etwas beobachtet?" fragte John.

„Ich weiß es nicht. Ich weiß nicht, was ich da draußen mache. Das Boot verläßt den Strand und bewegt sich auf das Schiff auf dem Meer zu. Eine Strickleiter kommt vom Schiff runter. Ich muß hochklettern. Ich glaube nicht, daß ich dort sein kann! Ich glaube nicht, daß das geschehen kann!"

„Nun, bleiben Sie einfach bei dem, was vor sich geht", verlangte John. „Machen Sie weiter und folgen Sie der Handlung. Fühlen Sie die Strickleiter mit Ihren Händen und Füßen. Beschreiben Sie alles, was Sie sehen."

„Ich habe überhaupt keine Schuhe an", stellte ich fest. „Die Leiter ist rauh. Sie ist hoch. Ich brauche lange, bis ich oben bin."

„Hören Sie etwas?" fragte John.

„Hören Sie gut hin."

„Ein Hubschrauber", erwiderte ich. „Ich höre irgendwo einen Hubschrauber."

„Was macht der? Fliegt er in gerader Linie von einem Ort zum andern?“

„Ich achte nicht darauf“, erklärte ich. „Ich schaue auf die Leiter.“

„Dann klettern Sie jetzt die Leiter hoch und sehen Sie sich um, ob jemand hinter Ihnen ist.“

„Ich schaue nicht hinter mich“, sagte ich.

„Klettern Sie weiter. Was geschieht jetzt?“ fragte John.

„Als ich am Ende der Strickleiter angekommen war, half mir ein Mann in einer Uniform des Marine Corps auf das Schiff. Ich denke: ‚Warum trägt er auf einem Schiff eine Ausgehuniform?‘“

„Freut er sich, Sie zu sehen, oder welche Art Reaktion stellen Sie fest, als Sie ankommen?“

„Der Mann zeigt überhaupt keine Reaktion. Er hilft mir aufs Schiff, und damit hat sich's.“

„Bewegen Sie sich jetzt ein kleines bißchen zeitlich vorwärts“, wies mich John an, „und sehen Sie, was nun passiert.“

„Ich sehe überhaupt nichts. Mir wird ganz schwindlig.“

„Hat Sie jemand berührt?“

„Ich erinnere mich nicht.“

„Kämpfen Sie gegen den Schwindel an, und sehen Sie alles, was Sie sehen können“, verlangte John.

„Ich kann überhaupt nichts sehen. Ich werde gleich ohnmächtig“, erklärte ich. „Sehen Sie irgendetwas, bevor Sie ohnmächtig werden? Stellen Sie fest, was alles Sie gesehen haben, seit Sie an Bord kamen, und stellen Sie fest, ob es irgendetwas Ungewöhnliches gab oder ob alles genauso aussah, wie es auf einem Schiff aussehen würde.“

„Nein!“ Ich leistete Widerstand. „Das geht nicht! Nein!“

„Sagen Sie mir, was Sie jetzt sehen“, befahl John.

„Sie haben eines dieser Wesen! Seine Augen! Seine Augen! Ich sehe seine Augen!“

„Okay“, sagte John. „Halten Sie das Bild jetzt fest! Halten Sie es fest!“

„Sie werden ihn umbringen!“ sagte ich und spürte, wie mir die Tränen in die Augen stiegen.

„Er liegt auf dem Deck des Schiffes, er will, daß ich ihm helfe, aber ich kann nicht... die halten mich fest. Sie halten mich zurück. Sie lassen mich ihm nicht helfen!“

„Wo haben sie den erwischt?“ fragte John.

„Ich weiß es nicht“, sagte ich. „Er hat Angst!“

„Und Sie spüren das wirklich“, sagte John mitfühlend. „Sie fühlen wirklich mit ihm. Woran können Sie erkennen, daß er Angst hat?“

„Seine Augen", erklärte ich. „Sie sprechen immer durch ihre Augen zu mir."

„Lassen Sie die Handlung jetzt weitergehen", leitete mich John an, „und bewegen Sie sich jetzt zeitlich leicht vorwärts, sehen Sie, was jetzt geschieht."

„Mir wird schwindlig. Sie bringen mich irgendwoanders hin. Sie ziehen mich. Ich will nicht mit ihnen gehen. Ich will dem Wesen helfen."

„Das Wesen liegt immer noch da?" fragte John.

„Ja."

„In Ordnung", sagte John. „Sie bringen Sie also irgendwohin. Verfolgen Sie das und sehen Sie, wohin sie Sie bringen."

„Eine Treppe runter", erklärte ich. „Eine Metalltreppe. Die ersten Stufen sind warm; die am Ende nicht. Mir wird wieder schwindlig. Von der Bewegung wird mir übel. Ich fühle mich schwindlig und schwach. Ich weiß nicht, wo die mich hinbringen."

„Aus welchem Grund sollten die Sie da haben wollen?"

„Das weiß ich nicht", antwortete ich. „Wie real erscheint Ihnen das jetzt?" wollte John wissen.

„Allzu real", erwiderte ich. „Allzu real. Ich will nicht, daß es das gibt. Ich will nicht, daß das geschieht!"

„Machen Sie weiter, und sehen Sie wo Sie hin kommen", verlangte John.

„Ich kann nirgendwo mehr hingehen", erklärte ich. „Ich bin zu krank. Ich muß mich setzen."

„Wenn Sie sich hinsetzen, wie sieht der Raum aus?" fragte John.

„Ich kann nichts sehen", erwiderte ich. „Ich bin zu krank. Ich lege meinen Kopf auf meinen Schoß. Mein Kopf ist so schwer."

„Was hören Sie?"

„Ich frage sie, was sie mit dem Wesen vorhaben, und die sagen: ‚Machen Sie sich keine Gedanken, um den kümmern wir uns schon.' Ich will gehen und ihm helfen!"

„Was geschieht dann?" fragte John.

„Jemand kommt und stellt sich vor mich hin, aber ich kann ihn nicht ansehen, weil ich mich zu krank fühle. Ich sitze einfach da. Mein Kopf fühlt sich so schwer an. Ich fühle mich schwach und schwindlig."

„Sie hatten einen weiteren Erinnerungsblitz oder ein Bild, das Ihnen kam, das eines Mannes, der ein Wesen über der Schulter trug", sagte John. „Paßt das hier irgendwo rein, oder ist das etwas ganz anderes?"

„Er ist am Strand", erwiderte ich.

„Wer ist am Strand?" fragte John.

„Der Mann, der das Wesen trägt“, sagte ich ihm.

„Und wo sind Sie?“

„Ich stehe am Strand.“

„Was haben Sie gemacht, und woher kam der Mann?“

„Ich weiß es nicht. Ich weiß es nicht.“

„Gehen Sie zurück und sehen Sie, ob Sie sich an den ersten kurzen Blick auf den Mann oder das Wesen erinnern können.“

„Ich glaube, wir waren in dem Raumschiff“, sagte ich.

„Wo ist das Raumschiff?“ fragte John.

„Auf dem Sand.“

„Wie sieht es aus?“ wollte John wissen.

„Das ergibt keinen Sinn“, erwiderte ich.

„Nun, beschreiben Sie einfach, was Sie sehen“, verlangte John. „Erwähnen Sie einfach nur die Fakten. Was sehen Sie?“

„Es ist am Boden. Es ist etwas kuppelförmig, seitlich zum Boden geneigt. Ich verstehe nicht, was passiert ist.“

„Wie nahe ist es am Wasser?“ fragte John.

„Es ist ganz nahe am Wasser“, antwortete ich. „Es ist am Strand. Ich weiß nicht, wo ich bin. Es gibt hier keine Gebäude. Ich weiß nicht, wo ich bin!“

„Sie glauben also, daß Sie und das Wesen zu einer bestimmten Zeit an Bord des Raumschiffes waren. Was machten Sie in dem Raumschiff?“ fragte John.

„In dem Raumschiff sind noch mehr Wesen“, sagte ich. „Sie machen einfach nur das, was sie immer tun.“

„Immer dasselbe. Zeigen die Ihnen irgendwas Neues? War an diesem Besuch irgendetwas anders?“

„Das kann nicht geschehen!“ wehrte ich mich wieder.

„Was kann nicht geschehen?“ stachelte John. „Sagen Sie uns, was nicht geschehen kann. Solche Entscheidungen können Sie nicht alleine treffen.“

„Das Raumschiff ist in der Luft, nicht sehr hoch. Ich kann aus einer Öffnung sehen, eine Art Fenster, aber nicht ganz wie ein Fenster. Ich kann das Meer und dieses Schiff sehen.“ An dem Punkt erinnerte ich mich, daß ich einen Schlag verspürte. „Ich glaube nicht, daß das geschehen kann!“ sagte ich. „Es fühlt sich so an, als fielen wir!“

„Warum fallt Ihr?“ fragte John.

„Ich weiß es nicht“, antwortete ich.

„Was machen die Wesen an diesem Punkt?“ fragte John.

„Ich weiß es nicht“, antwortete ich. „Wir werden zu schnell. Ich weiß nicht, wo sie sind. Ich weiß nicht, was sie machen. Wir werden zu schnell.“

„Sie empfinden jetzt etwas sehr intensiv“, stellte John fest. „Was empfinden Sie?“

„Mein Kopf. Er tut weh. Ich habe mich an etwas gestoßen.“

„Sie haben sich also am Kopf gestoßen. Haben Sie ihn nur leicht angestossen oder wirklich fest angeschlagen?“

„Es tut wirklich sehr weh“, erwiderte ich.

„Wurden Sie bewußtlos?“

„Ich bin mir nicht sicher.“

„Wie kommen Sie aus dem Raumschiff heraus?“

„Es gibt da eine große Öffnung. Ich gehe einfach raus auf den Sand.“
„Erscheint Ihnen das alles wie ein Traum?“ wollte John wissen.

„Nein.“

„Sind Sie allein?“

„Der Mann trägt das kleine Wesen. Es lebt.“

„Woher wissen Sie das?“ fragte John.

„Ich sehe das an den Augen“, erklärte ich. „Es bewegt seinen Kopf und schaut mich an. Der Mann geht mit ihm auf das Meer zu.“ Ich machte eine Pause. „Jemand schreit mich an.“

„Was schreien die?“ fragte John.

„‚Bleiben Sie stehen! Keine Bewegung!‘ Ich weiß nicht, wer das sagt.“

„Ist da noch jemand?“ fragte John.

„Jemand schreit“, erwiderte ich. „Ich weiß nicht, was vor sich geht. Mein Kopf tut weh. Ich weiß nicht, ob das Geräusch von dem Hubschrauber oder von dem Boot kommt.“

„Klingt die Stimme natürlich oder verstärkt?“ wollte John wissen.

„Sie klingt verstärkt“, sagte ich ihm, „aber ich bin mir nicht sicher. Mein Kopf tut weh. Er fühlt sich an, als explodiere er gleich.“

„Was geschieht als nächstes?“ fragte John.

„Der Hubschrauber kommt nahe an das Wesen heran“, antwortete ich. „Ich glaube, die legen das Wesen in den Hubschrauber, aber ich bin mir nicht sicher; ich schaue auf dieses Rettungsboot.“

„Wie kam das da hin?“

„Ich weiß es nicht. Zwei Männer sagen mir, ich solle kommen und in das Boot steigen. Sie müssen mir helfen, weil mir wirklich schwindlig ist.“

„Wie geht es Ihrem Kopf?“ fragte John.

„Er tut sehr weh.“

„Wo tut Ihr Kopf weh?“

„Nur am Hinterkopf.“

„Sie müssen Ihnen also ins Boot helfen. Gehen Sie freiwillig? Haben Sie sich gewehrt?“

„Nein, mir geht es zu schlecht, als daß ich mit denen kämpfen könnte. Mein Kopf tut weh; mir ist schwindlig."

„In Ordnung", sagte John. „Wir wissen, was an Bord auf Deck passiert. Sie werden die Metalltreppe hinuntergebracht, Sie fühlen sich sehr krank und können Ihren Kopf nicht aufrecht halten. Was geschieht mit den anderen?"

„Ich erinnere mich nicht", erwiderte ich.

„Eine letzte große Frage", sagte John langsam. „Wie kamen Sie nach Hause?"

„Ich erinnere mich nicht. Das letzte, an das ich mich erinnere, ist, daß ich auf der Stufe sitze mit dem Kopf auf dem Schoß", erklärte ich.

„Kommt es Ihnen wie ein Traum vor?" wollte John wissen.

„Nein", sagte ich zögernd.

An diesem Abend ging ich aufgeregter und verwirrter denn je in mein Hotelzimmer zurück und verbrachte den größten Teil der Nacht damit, in all dem einen Sinn zu suchen. Ich konnte nicht verstehen, wie jemand etwas so Wichtiges erleben und dann alles vollkommen vergessen konnte. Wenn es geschah, dann wann? Ich versuchte, mich an Zeiten in meinem Leben zu erinnern, zu denen ich Symptome entwickelte, die mit einer Kopfverletzung zusammenhängen konnten. Ich hatte bei verschiedenen Gelegenheiten starke Kopfschmerzen. Und es gab eine Zeit, während der mir im Lebensmittelladen schwindlig wurde oder immer dann, wenn ich zu lange stand. Ich erinnere mich auch an die Bedenken meines Zahnarztes, meine Zähne seien lose, und das ohne ersichtlichen Grund. Aber diese Probleme vergingen schließlich von selber wieder, und ich vergaß sie. Daher konnte ich mich auf kein exaktes Datum festlegen. Ich hatte immer versucht, meine täglichen Aufgaben weiterzuführen, auch wenn es mir nicht gut ging, und daher konnte ich verstehen, daß ich einen Unfall erlebte und einem daraus resultierenden Kopfschmerz keine besondere Beachtung schenkte.

Aber ich konnte nicht verstehen, wie ich vom Strand wieder zurück nach Hause kommen konnte, ohne daß jemand überhaupt meine Abwesenheit bemerkt hatte. Der Rückweg vom Strand zu fast jedem Ort, an dem ich je gelebt hatte, hätte selbst mit dem Flugzeug ein paar Stunden gedauert. Aber meine Familie war etliche Male in den Ferien am Strand gewesen. Konnte ich während eines solchen Urlaubs entführt worden sein?

Es gab noch eine verwirrende Frage. Wenn sich der Zwischenfall wirklich ereignete, warum eliminierte das Militär mich nicht an Ort und Stelle? Weil sie mir Drogen gaben, die meine Erinnerung an den Zwischenfall dauerhaft auslöschen sollten?

Wenn dem so war, dann konnte das auch erklären, warum ich verfolgt und in Restaurants beobachtet wurde, warum ich seltsame Geräusche am Telefon hörte und warum weitere unerklärliche Dinge geschahen, als ich anfing, meine möglichen Begegnungen mit Außerirdischen zu erforschen. Vielleicht machte sich der Staat Gedanken darüber, an wieviel ich mich erinnern und was ich mit der Information anfangen würde. Vielleicht war es mein Wissen um diesen Vorfall, was der Militäroffizier meinte, als er sagte, ich wisse verdammt zu viel.

Wenn sich der Zwischenfall nicht ereignete, was stimmte dann nicht mit mir? Warum sollte sich mein Verstand an etwas erinnern, daß nicht geschah? Ich hatte über einen solchen Zwischenfall nie etwas im Fernsehen gesehen oder in einem Buch gelesen. Wenn sich der Zwischenfall also nicht ereignet hatte, woher kam dann die Erinnerung? War das das Ergebnis einer Geisteskrankheit?

Nein. Nein. Während des letzten Jahres hatte es zu viele Beweise für ein Interesse des Militärs und des Staates an mir gegeben; die würden nicht so viel Zeit und Geld für die Beobachtung einer Frau aufwenden, wenn die sich für deren Geisteskrankheiten interessierten. Interesse an einer Frau, die sich an ein militärisches Geheimnis erinnert, ergäbe eher einen Sinn.

Es kam mir ein weiterer Gedanke. Was würde jetzt geschehen, da ich mich an diesen Zwischenfall erinnert hatte? Würde ich umgebracht? Ich sagte mir aber, wenn mich jemand tot sehen wollte, dann wäre ich wahrscheinlich schon umgebracht worden. Aber das wußte ich nicht sicher, und ich bekam Angst. Und ich wußte, niemand konnte mir helfen.

Kapitel 12

Bei der letzten Sitzung meiner dritten Reise nach Springfield beschloß John, meine Erinnerungen an blaue Blitze in meinem Schlafzimmer und den darauffolgenden Traum vom 5. Juni zu erforschen. Nachdem John mich in den Entspannungszustand gebracht hatte, bat er mich zu beschreiben, was ich in der Nacht gesehen hatte, bevor ich einschlief.

Ich beschrieb die blauen Blitze als gasförmige Tropfen von etwa 30 cm Länge. Fünf davon flogen nacheinander von meinem Schlafzimmerfenster zum Bad. Ich dachte, vielleicht richtete jemand ein Licht auf das Schlafzimmer, das sich im Deckenventilator brach, vielleicht schienen die Lichter eines Hubschraubers ins Schlafzimmer, oder vielleicht schickten die Außerirdischen etwas ins Zimmer. Ich stand nicht auf, um nachzusehen, weil ich zu müde war und zuviel Angst hatte. Ich schlief bald ein.

„Gehen Sie jetzt weiter in die Nacht hinein", leitete mich John. „Beschreiben Sie, was Sie nun erleben, wenn Sie den Traum noch einmal nacherleben."

„Ich fühle mich, als würde ich in einen dunklen Tunnel gebracht", sagte ich.

„Fahren Sie fort", spornte John mich an. „Wie geht der Traum weiter?"

„Nein, das ist kein Traum", sagte ich mit Nachdruck.

„Wenn Sie fühlen, wie Sie durch den dunklen Tunnel gezogen werden, was ist das Nächste, an das Sie sich erinnern?"

„Ich bin draußen und schaue zum Himmel, aber ich weiß nicht, ob das ist bevor oder nachdem ich durch den Tunnel gegangen bin", erwiderte ich.

„Sie sind sich der zeitlichen Abläufe nicht sicher", sagte John. „In Ordnung. Sie sind also draußen, wo?"

„Vor dem Haus, ich schaue die Sterne an", antwortete ich. „Ich beobachte, wie sich rote Lichter von Westen nach Osten über den Himmel bewegen."

„Bewegen Sie sich in einer bestimmten Formation oder einem bestimmten Muster?"

„Etwa wie ein Faß, das in der Mitte dicker ist."

„Wie groß ist dieses Objekt?“

„Das kann ich nicht sagen. Es ist zu weit weg. Ich glaube, es ist ein Raumschiff, aber so ein Raumschiff habe ich noch nie gesehen. Die Lichter kommen auf mich zu.“

„Was fällt Ihnen jetzt auf?“ fragte John.

„Ich kann überhaupt nichts sehen. Um mich ist ein rotes Licht. Ich kann sonst nichts sehen. Es ist ein warmes Licht, richtig hell.“

„Ist das das erste Licht, das Sie sahen?“ fragte John.

„Nein.“

„Hören Sie etwas?“

„Nein.“

„Spüren Sie körperlich etwas, außer der Wärme?“

„Ich fühle mich einfach warm, ruhig und friedlich. Sediert. Ich fühle mich benommen davon.“ „Was geschieht als nächstes? Wo sind Sie?“

„Ich weiß nicht, was das ist!“ sagte ich. „Ich liege in einer Art Container. Er ist aus einer Art Glas oder Plastik. Er ist klar, aber ich weiß nicht, was es ist. Es prickelt am ganzen Körper. In meinem Kopf fängt es an. Es ist wie ein Puls, wie eine Art elektrischer Ladungen. Meine Hände und Füße prickeln. Ich will, daß das aufhört!“ Ich zuckte zusammen, die Schmerzen der Schockbehandlung wurden unerträglich.

„Sie müssen da durch“, sagte John. „Gehen Sie zeitlich ein bißchen weiter .“

„Es ist dunkel hier drin“, fuhr ich fort. „Irgendwoher kommt ein roter Schein. Das Glas ist jetzt nicht mehr über mir. Ich kann mich nicht bewegen. Ich kann mich nicht umsehen.“

„Kommt das von dem Prickeln, von den elektrischen Ladungen, die durch Sie hindurch gingen?“ fragte John.

„Ich bin mir nicht sicher, warum.“

„Sie haben es nicht bemerkt, als der Glaskäfig wegging?“ wollte John wissen.

„Nein.“

„Was fällt Ihnen noch auf?“ fragte John.

„Ich kann überhaupt nichts sehen“, erwiderte ich. „Alles ist schwarz.“

„Kommt das, weil das Licht aus ist?“ „Ich glaube, … ich glaube, ich war eine Minute bewußtlos.“ Ich machte eine Pause. „Mein rechtes Ohr tut weh.“

„Was für ein Gefühl ist es?“ fragte John.

„Ein konstanter Schmerz hinter meinem rechten Ohr“, sagte ich. „Jetzt … jetzt ist er weg. Es tut nur noch ein bißchen weh. Ich habe das Gefühl, es ist jemand da, aber ich sehe sie nicht. Es ist wirklich dunkel.“

„Okay", sagte John. „Bewegen Sie sich jetzt zeitlich ein bißchen weiter und beobachten Sie, wie sich die Szene verändert."

„Ich fühle mich, als wäre ich ruhiggestellt worden oder so", antwortete ich. „Ich kann kaum Umrisse erkennen. Über meinem Kopf ist eine Art schwarze Maschine. Ich glaube, die machen damit Röntgenaufnahmen."

„Wer sind die?" fragte John.

„Leute!" bemerkte ich. „Ich warte immer noch darauf, daß ich die Wesen sehe, aber es sind Leute. Menschen. Der Mann trägt einen weißen Laborkittel."

„Was haben Sie an?" fragte John.

„Ich bin mir nicht sicher", antwortete ich. „Über mir liegt ein Tuch."

„Haben Sie das Gefühl, Sie sind an Bord eines Raumschiffes?" fragte John.

„Es sieht aus wie ein Zimmer im Krankenhaus. Ich liege auf einem Krankenhausbett, wie auf einem Operationstisch. Links neben mir ist noch ein Operationstisch und ein bläulich-grüner Vorhang, aber der ist offen. Es gibt hier medizinische Geräte."

„Hören Sie die Stimmen von Ärzten und Krankenschwestern?"

„Ich sehe nur Männer, aber ich kann sie nicht klar erkennen, weil ich sediert wurde oder so. Ich weiß nicht, wo ich bin. Ich weiß nicht, wie ich dahin gekommen bin. Ich weiß nicht, wer diese Leute sind. Sie stehen vor der Wand."

„Wie viele?" wollte John wissen.

„Drei. Einer trägt einen weißen Laborkittel. Ich kann seine Hosen nicht sehen. Ich liege. Ich glaube der Mann in der khakifarbenen Uniform ist der, der mir gesagt hatte, ich hätte kein Raumschiff gesehen."

„Oh, in dem Konferenzraum!" bemerkte John. „Der Mann ist dort?"

„Ich bin mir nicht sicher; aber ich denke, es ist derselbe Mann", sagte ich.

„Nun, Sie sind sich nicht sicher, weil es Ihnen beide Male nicht gut ging", erklärte John. „Sie fühlen sich jetzt unter dem Einfluß von Medikamenten, und damals fühlten Sie sich auch unter dem Einfluß von Medikamenten."

„Mein Ohr tut wieder weh", sagte ich John.

„Ihr rechtes Ohr?" fragte er.

„Ja, es tut sehr weh!"

„Nun, gehen Sie durch diesen Schmerz", wies John mich an. „Was geschieht als nächstes?"

„Der Mann in der khakifarbenen Uniform fragt den im Laborkittel: ‚Haben Sie's hingekriegt?' Der Mann im Laborkittel sagt: ‚Kein Problem.'

Dann sagt der Mann in Khaki: ‚Ich glaube, es ist Zeit, daß sie noch eine Spritze kriegt.‘ Der Mann im Laborkittel sagt: ‚Ja, ich hab sie schon da.‘ Er streckt seine Hand aus zum anderen Tisch und nimmt sie.“

„Sehen Sie, was er nimmt?“ wollte John wissen.

„Ja. Es ist eine Spritze, eine Nadel“, erklärte ich. „Die haben meine Arme festgebunden! Ich kann mich nicht bewegen! Ich will nicht, daß er mir die Spritze gibt, aber ich kann mich nicht bewegen.“

„Spüren Sie die Spritze?“ fragte John.

„Ja. Sie wird mir in den linken Arm gegeben. Es sticht. Ich beschimpfe sie. Ich bin stinksauer. Ich sage: ‚Ich möchte, daß ihr mich in Ruhe laßt. Was wollt ihr, ihr dreckigen Schweine? Laßt mich in Ruhe!‘“

„Was tun die, als Sie das sagen?“ fragte John.

„Sie sagen mir, ich solle ‘s Maul halten, ich hätte ihnen schon genug Ärger gemacht“, antwortete ich.

„In Ordnung“, sagte John. „Erinnern Sie sich an noch etwas in dieser Geschichte?“

„Mir wird wieder schwindlig“, erklärte ich. „Ich habe das Gefühl, ich werde gleich ohnmächtig.“

„Ist die schwarze Maschine noch über Ihrem Kopf?“ fragte John.

„Ich kann sie nicht sehen“, erwiderte ich. „Meine Augen sind zu. Ich glaube, ich werde ohnmächtig.“

Ich konnte mich bei diesem Zwischenfall an nichts weiter erinnern, und so brachte John mich aus der Hypnose.

Später am Abend, als ich allein in meinem Hotelzimmer war, ging ich alles noch einmal durch, was wir bis dahin unter Hypnose erforscht hatten. Mit jeder Sitzung wurde das Spinnennetz dichter. Im März hatte ich noch erwartet, daß ich, wenn meine Träume von Außerirdischen sich als echte Ereignisse herausstellen sollten, nur ein paar wenige Begegnungen mit Außerirdischen erlebt hatte. Ich hatte gedacht, ein paar Hypnosesitzungen würden alle meine Erlebnisse zutage bringen, ich könnte sie verarbeiten und in einer Ecke meines Gehirns verstauen und wieder zum normalen Leben übergehen. Aber das war nicht der Fall. Statt dessen entdeckte ich, daß Begegnungen mit Außerirdischen mein ganzes Leben lang immer wieder vorgekommen waren und immer noch vorkamen. Und manche der Begegnungen hatten gar nichts mit Außerirdischen zu tun, sondern mit Menschen.

Die Sitzung dieses Abends schockierte mich, weil ich erwartet hatte, ich würde eine Begegnung mit Außerirdischen entdecken, als ich mich daran erinnert hatte, daß die Lichtblasen durch mein Schlafzimmer schwebten. Aber stattdessen fand ich mich in einer Art Krankenhauszimmer wieder mit menschlichem Personal. Wie war ich in das Krankenhaus gekommen? Wo war es? Ich hatte das Gefühl, es müsse eine militärische Einrichtung gewesen sein, da einer derjenigen, die mich gefangen hielten, Uniform trug. Ereignete sich der Zwischenfall in der Nacht des 5. Juni, nachdem ich die seltsamen Blitze in meinem Schlafzimmer gesehen hatte oder zu einem anderen Zeitpunkt? Das, an was ich mich unter Hypnose erinnerte, unterschied sich mit Sicherheit stark von meinem Traum vom 5. Juni. Und was verursachte die Schmerzen im Ohr? Entfernten die Männer ein Implantat, das zuvor von Außerirdischen eingepflanzt worden war? Ich hörte in meinem rechten Ohr keine Piepser mehr. Konnte das den Grund erklären? Was war der Zweck des transparenten Containers? Warum unterzogen mich die, die mich gefangen hielten, einer Schockbehandlung? Warum untersuchten Maschinen meinen Körper? Welche weiteren medizinischen Prozeduren wurden an mir durchgeführt? Würden sie schädliche Nachwirkungen haben? Wie kam ich wieder nach Hause? Warum konnte ich mich nicht früher an den Zwischenfall erinnern?

Fragen, Fragen und noch mehr Fragen. Warum, zur Hölle, konnte ich keine Antworten finden? Verdammt, ich wollte Antworten!

Aber wieder einmal würde ich mit unbeantworteten Fragen nach Craston zurückkehren müssen.

Kapitel 13

Ich blieb noch einen Tag länger in Springfield, um an einem Treffen einer Selbsthilfegruppe teilzunehmen, die John organisiert hatte. Mit Leuten zu reden, die ähnliche Begegnungen erlebt hatten, half mir sehr. Ich fühlte mich mit ihnen verbunden. Da sich aber keiner von ihnen je erinnert hatte, von Menschen entführt worden zu sein, war es mir allein überlassen, mit diesen Erinnerungen fertig zu werden.

Ich plante, nach dem Frühstück mit Grace am 31. Juli nach Hause zu fahren, aber John überredete mich, noch einen Tag in Springfield zu bleiben. Er wollte mir Kopien der Bänder von der Hypnosesitzung über den Zwischenfall am Strand machen, damit ich sie mit nach Hause nehmen könnte; und er käme erst nach Feierabend dazu.

John brachte mir die Bänder am nächsten Morgen auf seinem Weg zur Arbeit im Hotel vorbei. Bald danach begann ich meine Fahrt zurück nach Craston.

Die ersten beiden Stunden hörte ich mir Bänder an, die mir eines der Mitglieder der Selbsthilfegruppe gegeben hatte. Die Bänder machten mir Mut, was mich aber noch mehr freute, war, daß meine Mitentführte an mich dachte, verstand, was ich durchmachte und mir die Hand reichte. Ich hoffte, daß die Liebe, das Verständnis und die Anteilnahme, die wir einander entgegenbrachten, uns über die Verwirrung und die Unsicherheit hinweghelfen würden, der wir uns gegenüber sahen.

Ich stellte den Kassettenrekorder ab und fuhr die nächste Stunde über sanfte Hügel und saugte ihre Schönheit auf. Als ich an altmodischen, kleinen Läden in einer Stadt in Arkansas vorbeifuhr, nahm ich mir vor, bei einer meiner nächsten Reisen dort anzuhalten und herumzustöbern. Ich fuhr langsam durch die Vororte der Stadt und dachte über die friedliche Idylle nach, die sich dort darbot.

Plötzlich hörte ich Reifenquietschen und dachte: „Oh, mein Gott, gleich passiert ein Unfall!“ Dann hörte ich einen Zusammenstoß. Als das angsterregende Geräusch vorüber war, sah ich nur noch Dunkelheit. Ich hörte Stimmen: „Geht es Ihnen gut, Ma'am? Ma'am? Ma'am? Geht es Ihnen gut?“ Ich hatte starke Schmerzen in Kopf und Nacken und merkte, daß ich in den Unfall verwickelt war, den ich gehört hatte. Vor mir bildeten sich dunkle Dämpfe. Langsam wurden sie zu helleren, unklaren Bildern. Schließlich kehrte meine Sehfähigkeit zurück. Ich zuckte vor Angst zusammen, als ich einen Mann in Uniform sah, der neben meiner Autotür stand und anderen Leuten sagte, sie sollten zurückbleiben.

„Wer sind Sie?" fragte ich, als ich versuchte, ihn anzusehen.

„Bewegen Sie sich nicht!" sagte er. „Ich bin County Deputy. Sind Sie verletzt?"

„Nur mein Kopf und mein Nacken", sagte ich, als ich wieder versuchte, ihn anzusehen und dabei einen Blick auf sein Abzeichen erhaschte.

„Bewegen Sie Ihren Kopf nicht! Sitzen Sie still!"

„Was ist passiert? Wo bin ich?"

Der Deputy sagte mir, ich sei gerade durch die Stadt gefahren. „Offensichtlich bog ein Wagen vor Ihnen links ab", erklärte er, „und ein Van fuhr von hinten auf Sie auf."

Ich versuchte, in meinen Rückspiegel zu sehen. Ein Schmerz schoß mir durch Kopf und Nacken, aber ich konnte einen kurzen Blick auf einen großen weißen Van mit zerknautschter Motorhaube werfen.

„Das fällt nicht in meine Zuständigkeit", erklärte der Deputy. „Ich muß den City Marshall rufen. Bewegen Sie sich nicht. Ich komme sofort zurück und bleibe dann bei Ihnen, bis er kommt."

Schon bald kam der Marshall, stellte sich vor und sagte, ein Krankenwagen sei unterwegs.

„Nein! Ich will nicht ins Krankenhaus!" schrie ich, weil mich Erinnerungen an meine letzte Hypnosesitzung überkamen.

„Wir können Sie nicht zwingen, ins Krankenhaus zu gehen, aber Sie haben einen ganz schönen Schlag abbekommen. Ich glaube, es wäre besser, wenn Sie das untersuchen ließen."

Ich wurde fast hysterisch und erklärte dem Marshall, daß ich im Besitz gewisser prekärer Informationen sei, die mich in Gefahr brächten, und ich hätte solche Angst, allein in einer fremden Stadt zu sein. Dann wurde mir klar, wie dumm das für einen völlig Fremden klingen mußte; der Marshall dachte wahrscheinlich, das mich der Unfall etwas verwirrt hatte. Aber es schien, als glaube er, was ich ihm gesagt hatte. „Ma'am", sagte er, „ich bin in dieser Stadt für alles verantwortlich, und ich verspreche Ihnen, daß Sie sich hier sicher fühlen können."

Er sagte mir, er könne bewaffnete Wachen vor meiner Tür im Krankenhaus aufstellen, falls ich aufgenommen werden müßte. Er versprach, mein Wagen würde weggebracht und in einem Gebäude eingeschlossen. Und er versprach, im Krankenhaus nach mir zu sehen, sobald er sich um alles andere gekümmert habe.

Der Mann erinnerte mich an Marshall Matt Dillon, und ich glaubte, er würde tun, was er konnte, um meine Sicherheit zu gewährleisten. Da ich um die Gefahren eines Schlages auf den Kopf wußte, war ich einverstanden, zu Röntgenaufnahmen ins Krankenhaus gebracht zu werden.

Es schien eine Ewigkeit zu dauern, bis der Krankenwagen kam. Die Sanitäter legten einen Verband um meinen Hals, bevor sie mir aus dem Wagen halfen und banden mich dann auf eine Trage. Ich durchlebte den Schrecken wieder, angebunden zu werden und, offensichtlich von Militärs, Spritzen zu erhalten. Der Schrecken setzte sich im Krankenhaus fort, als eine schwarze Röntgenmaschine den oberen Teil meines Körpers ablichtete. Ich wollte vom Tisch springen und wegrennen vor den Röntgenstrahlen, den Bändern und den Leuten in weißen Laborkitteln. Ich mußte allen Mut zusammennehmen, den ich finden konnte, um ruhig liegen zu bleiben bis meine Untersuchung vorbei war.

Die Untersuchung ergab, daß mein Nacken und mein Kopf keinen Schaden erlitten hatten, und so wurde ich mit einem Rezept für Schmerzmittel und dem Rat entlassen, über Nacht in der Stadt zu bleiben, falls sich unvorhergesehene Komplikationen einstellen sollten.

Der Marshall holte mich aus dem Krankenhaus ab und fuhr mich zu der Garage, in der mein Wagen verwahrt wurde. Nur der Kofferraum und das Heck waren beschädigt, ich konnte ihn also fahren. Ich fuhr mit dem Marshall auf die Wache, um Papiere über den Unfall zu unterschreiben. Ich fragte ihn nach der Person, die auf mich auffuhr. Er zeigte mir den Führerschein eines Mannes, der in einer Stadt in der Nähe lebte. Der Unfallbericht zeigte, daß der Fahrer zu dicht aufgefahren war und erst 23 Meter, bevor er mich traf, gebremst hatte. Der Fahrer wurde nicht verletzt, aber es war anscheinend doch ein echter Unfall.

Dem Rat des Krankenhauspersonals folgend und auch weil ich zu aufgewühlt war, um noch weiterzufahren, buchte ich ein Hotel für die Nacht. Ich reichte mein Rezept nicht ein, denn ich wollte so wach wie nur möglich bleiben, falls sich ein paar Agenten des Militärs oder der Regierung herumtrieben.

Am nächsten Morgen wachte ich mit nur leichten Kopfschmerzen und einem unangenehmen Gefühl in der Brust auf. Das Erlebnis zeigte mir, daß man nach einem Unfall starke Kopfschmerzen, Schwindelgefühl und Desorientierung haben kann und sich schon kurz danach nur noch leicht unwohl fühlt; daß sich also der Absturz des Raumschiffs am Strand wirklich ereignet haben konnte, ohne daß ich ernstlich verletzt war. Mir kam der Gedanke, daß die Außerirdischen diesen Autounfall vielleicht inszeniert hatten, um mir das zu zeigen, aber ich wischte den

Gedanken schnell wieder beiseite, denn ich glaubte, daß es den Außerirdischen eher am Herzen läge, mich zu schützen als mich zu verletzen.

Ich kam sicher in Craston an und begann meine Alltagsroutine trotz Schwellungen in der Brust als Folge des Unfalls. Und das nur, um mich einem Herbst voller verwirrender Ereignisse gegenüberzusehen.

Am 12. August brachte ich Lauras Auto in die Werkstatt, damit die Klimaanlage repariert würde. Etwas später am selben Tag rief mich ein Mechaniker an und sagte mir, die Reifen müßten auch reihum gegeneinander ausgetauscht werden, und er müsse den Wagen über Nacht da behalten, denn ein Ersatzteil, das er für die Klimaanlage bestellt habe, käme erst am nächsten Tag. Ich erklärte mich damit einverstanden.

Als Laura am nächsten Tag von der Werkstatt heimfuhr, sprang der rechte Vorderreifen ab. Der Wagen schlitterte an einer vielbefahrenen Kreuzung über die Straße. Wie durch ein Wunder stieß sie mit keinem anderen Fahrzeug zusammen und verletzte sich nicht sehr, wenn auch die Front des Wagens schwer beschädigt wurde. Offensichtlich hatte jemand in der Werkstatt vergessen, die Schrauben am Rad anzuziehen.

Am 30. August, als Laura Kelly zu einem Fußballspiel fuhr, hatte sie einen weiteren Unfall. Sie verlangsamte den Wagen, um nach links abzubiegen, der Wagen hinter ihr hielt an, und ein dritter stieß auf den hinter Laura und drückte ihn auf sie. Wieder wurde niemand ernstlich verletzt.

Die Autoreparaturen beanspruchten meine gesamte Freizeit im August und in der ersten Septemberhälfte. Zu den drei Autounfällen gab es noch drei Ausfälle. Anfang August funktionierte ihre Klimaanlage nicht mehr. Am 3. September brach ihre Wasserpumpe. Am 7. September funktionierte meine Klimaanlage nicht mehr, nachdem ich das Auto während der Nacht bei meinen Eltern draußen gelassen hatte; zuhause hatte ich es immer in der Garage.

Diese Probleme überraschten mich, denn ich hielt unsere Autos in gutem Zustand und brachte sie immer zur Inspektion in die Werkstatt, wie in der Bedienungsanleitung vorgesehen. Darüber hinaus war mein Wagen erst ein Jahr alt; Lauras nur drei Jahre. Drei Unfälle und drei Ausfälle in einem Zeitraum von achtunddreißig Tagen waren einfach zu viel, als daß sie hätten Zufall sein können.

Keinen Unfall hatten wir verschuldet. Die Unfälle erschienen zwar alle echt, aber ich fragte mich doch, ob sie das wirklich waren. Ich hinterfragte den zeitlichen Zusammenhang meines Unfalls, da er sich ereignete unmittelbar nachdem ich militärische Interventionen bei Ereignissen mit Außerirdischen erforscht hatte. Ich fragte mich, ob es jemand anderes war und nicht ein Arbeiter, der die Schrauben an Lauras Rad gelöst hatte, als der Wagen über Nacht in der Werkstatt war. Und der Unfallbericht zeigte, daß Lauras zweiter Unfall von einem jungen Mann verursacht worden war, der bei der Air Force angestellt war. Ich fragte mich, ob Agenten des Militärs oder der Regierung versuchten, mich so sehr zu erschrecken, daß ich die Ermittlungen über das Außerirdischen-Phänomen aufgab, und sie dazu meine Töchter benutzten.

Ich würde mich nicht für Terrorismus hergeben. Ich würde es nicht zulassen, daß Schuldgefühle mich erdrückten. Ich wollte nicht, daß meine Familie oder meine Freunde wegen meiner Ermittlungen zu Schaden kämen und wollte sie so weit wie möglich davor schützen. Würde aber ein Agent des Militärs oder der Regierung ihnen etwas antun, dann klebte das Blut an seinen Händen, nicht an meinen. Ich hatte ein Recht darauf, das Außerirdischen-Phänomen zu verstehen, das in mein Leben eingedrungen war, und ich würde es nicht zulassen, daß einer mich von diesem Versuch abbrächte!

Kapitel 14

Es wäre schön gewesen, wenn ich die seltsamen Zwischenfälle, die sich seit dem Beginn meiner Nachforschungen über das Außerirdischen-Phänomen ereignet hatten, hätte verstehen können, bevor ich neue erlebte. Aber dem war nicht so. Während des ganzen Herbstes 1991 ereigneten sich unerklärliche Dinge.

Am Abend des 14. August hatte ich ein unheimliches Gefühl, als ich ins Bett ging. Normalerweise kann ich nicht schlafen, wenn mir Licht in die Augen scheint. An diesem Abend aber hatte ich das unerklärliche Bedürfnis, das Licht im Bad anzulassen, damit es von dort gedämpft ins Schlafzimmer schiene. Etwa um 2 Uhr morgens ging das Licht aus. Ich dachte, die Glühbirne sei durchgebrannt, stieg aus dem Bett und schaltete ein anderes Licht an. Als ich wieder ins Bett stieg, hörte ich im selben Moment eine Eule schreien.

Ich hatte diesen Eulenschrei schon viele Male gehört, seit ich in unser neues Haus gezogen war. Er hatte etwas Beunruhigendes. Er klang mechanisch, nicht ganz echt. Er erinnerte mich an eine Entenlockpfeife, die mein Vater immer zur Jagd verwendet hatte; ihr Ton ähnelte dem einer Ente, aber eben doch nicht ganz. Der Ton meiner mechanischen Eule war mir an diesem Abend sogar noch unheimlicher, er hielt mich bis nach 5 Uhr wach. Und als ich um 7 Uhr schließlich aufstand, entdeckte ich, daß das Licht, das in der Nacht ausgegangen war, jetzt auf mysteriöse Weise wieder funktionierte.

Am 16. August stellte ich fest, daß ein Fenster im Wintergarten nicht verschlossen und das Fliegengitter lose war. Kein Familienmitglied oder Gast hatte das Fenster angefaßt, und keiner hatte eine Ahnung, wer sich an dem Fenster zu schaffen gemacht haben könnte.

In der gleichen Woche, in der sich die Zwischenfälle mit dem Licht und dem Fenster ereignet hatten, lief mir dreimal ein seltsam aussehender Mann über den Weg. Ich konnte mich nicht erinnern, wo ich ihn zuerst gesehen hatte. Das zweite Mal war im Postamt. Das dritte Mal war in einem Fast Food Restaurant am andern Ende der Stadt. Jedes Mal, wenn ich ihn sah, war er allein und tat anscheinend nichts anderes als Leute zu beobachten. Mir war unheimlich, als er mich ansah. Ich fühlte mich gezwungen, zu ihm zu gehen und mit ihm zu sprechen, aber etwas hielt mich zurück. Er war sehr dünn, etwa 1,80 Meter groß und annähernd sechzig Jahre alt. Wie die mechanische Eule hatte auch er etwas Unwirkliches. Er sah fast hohl aus. Ich sagte mir, er sei aller Wahrscheinlichkeit nach einfach ein einsamer Mann mit einer unheilbaren Krankheit. Und doch zermürbte mich seine Anwesenheit, als ob er bis auf den Grund meiner Seele sehen könnte.

Am Wochenende um den 23. August gingen Mike und ich nach New Orleans. Mike war am Samstag morgen bei einem Erziehungsseminar und ich machte es mir bei Croissants und einer heißen Schokolade gemütlich und genoß die Aussicht von unserem Zimmer über den Fluß. Ich putzte meine Zähne und ging zum Fenster zurück, um ein vorbeifahrendes Boot zu beobachten. Plötzlich fühlte ich, wie sich etwas aus meinem Zahnfleisch unter meinen unteren Schneidezähnen hervorschob. Ich fuhr mit der Zunge darüber und spürte etwas wie einen Knochen oder einen Zahnsplitter, der hervorstand. Ich strich etliche Male mit der Zunge über die Stelle aber das konnte das Objekt nicht lösen, schließlich kratzte ich mit dem Fingernagel fest über das Zahnfleisch, und es kam heraus. Es sah aus wie ein flaches Stück Messing, es war quadratisch, nur daß eine kleine Ecke fehlte. Mike betrat gerade das Zimmer, als ich es untersuchte.

„Was ist *das* denn?" fragte ich ihn.

„Es sieht aus wie ein Computerchip", antwortete er. „Wo hast du das her?"

„Aus meinem Mund. Hast du je einen Computerchip gesehen?"

„Nein", gab er zu, „außer in Zeitschriften. Was hatte der denn in deinem Mund verloren?"

Ich wußte es nicht. Was das Objekt war und wie es dort hingekommen war, war ein Rätsel. Ich schickte das Objekt John Carpenter und bat ihn um seine Meinung. Er versprach, es analysieren zu lassen.

In der Nacht des 27. August wachte ich durch ein Geräusch auf, das wie Schritte auf der Eichentreppe klang. Zuerst dachte ich, daß vielleicht Laura oder Kelly wach wären, aber als ich hörte, wie eine Tür auf und zuging, setzte ich mich im Bett auf – starr vor Angst. Leise, nicht zu identifizierende Geräusche hallten durchs Haus. Eine Stunde später klingelte es an der Tür zum Wintergarten. Ich hatte immer noch viel zuviel Angst um aufzustehen, bis zum Morgen, als ich hörte daß Laura und Kelly sich rührten. Beide sagten, sie seien in der Nacht nicht aufgestanden. Ich schauderte, als ich mich an mein ähnliches Erlebnis in der Nacht des 1. Juli erinnerte.

Wochenlang schlief ich schlecht, weil ich immerzu über diese unerklärlichen Ereignisse nachdachte. Nach meinem Autounfall hatte ich Schwierigkeiten beim Atmen; der Druck des straffen Sicherheitsgurtes hatte zu inneren Schwellungen in meiner Brust geführt. Und seit Juli hatte ich

Schmerzen in der Schläfengegend, nicht lange nachdem vermutlich die Schockbehandlung stattgefunden hatte. Nun war ich geistig und körperlich erschöpft. Ungenügender Schlaf und meine geschwächte körperliche Verfassung forderten ihren Tribut. Ich wußte, in diesem Zustand würde es nicht lange weitergehen. Ich sagte mir, ich könne mich nicht mehr darum kümmern, was Außerirdische oder Agenten des Militärs oder der Regierung taten: Ich mußte schlafen.

Es hatte zwar fast ein Jahr gedauert, aber schließlich akzeptierte ich doch die Realität der Entführungen durch die Außerirdischen und durch das Militär, Dinge, die unter Hypnose erforscht worden waren, und ich beschloß, ein Buch darüber zu schreiben. Ich hatte keine Erfahrung als Autorin, und doch trieb mich die Anweisung der Außerirdischen an, das Wort zu verbreiten. Eine bohrende Kraft in mir überzeugte mich, daß es zu meiner Verantwortung gehörte, diese Anweisungen sorgsam zu befolgen.

Am 27. September war der erste Entwurf des ersten Kapitels fertig. Ich sprach mit niemandem am Telefon über dieses Projekt. Ich schrieb John einen Brief darüber. Und ich besprach es mit Mike und Seth, aber nur bei mir zu Hause und in Briefen. Am 1. Oktober erhielt ich über unser Telefon im Schlafzimmer einen seltsamen Anruf. Ich konnte nicht sagen, ob die Stimme am anderen Ende der Leitung männlich oder weiblich war, und ich konnte nicht feststellen, ob die Person nach Laura oder Laureen fragte. Ich bat die Person dreimal, zu wiederholen, wen sie sprechen wollte, aber Mike unterbrach uns unabsichtlich, als er das Telefon einer Nebenstelle abhob, um die Alarmanlage anzustellen. Der Anrufer rief nicht wieder an.

Anderthalb Stunden später saßen Mike und ich im Büro und besprachen die Pseudonyme, die ich für mein Buch ausgesucht hatte, und die Fortschritte, die ich machte. Das Telefon im Büro klingelte, und eine eindeutig weibliche Stimme fragte nach Seth. Ich brachte die beiden Anrufe sofort miteinander in Zusammenhang: Laura, Seth – beides waren Pseudonyme, die ich verwendete. Ich zweifelte an der Zufälligkeit der Anrufe. Craston ist eine so kleine Stadt, daß es hier, wenn überhaupt, dann nur sehr wenige Seths geben dürfte. Darüber hinaus steht die Telefonnummer in unserem Schlafzimmer nicht im Telefonbuch, und wir erhalten hier nur sehr selten irrtümlich Anrufe. Aber was war der Zweck der Anrufe? Wollte man mich nur darüber informieren, daß man bereits von meinem Buch wußte und daß ich nichts geheimhalten konnte? Wie erhielt die Person die Informationen über das, was ich schrieb? Hatte jemand meine Post gelesen? War jemand in meinem Haus gewesen und hatte die Entwürfe gelesen? Gab es Abhöranlagen in meinem Haus? Welche Methode auch immer angewandt wurde, ich verabscheute das Eindringen in die Privatsphäre.

In den Nächten des 2. und des 7. Oktober stellte jemand während der Nacht die Alarmanlage ab. Ich hatte sie selbst angestellt und noch zweimal überprüft, bevor ich zu Bett ging, und doch war sie am nächsten Morgen abgestellt. Laura, Kelly und ich hatten sie nicht berührt. Ich fragte mich, ob Außerirdische oder Agenten des Militärs oder der Regierung dafür verantwortlich waren. Wenn es Menschen waren, die versuchten, mir Angst einzujagen, dann war ihnen das mit Sicherheit gelungen.

Eine weitere erschreckende Geschichte ereignete sich am Freitag, dem 11. Oktober, als ich allein zu Hause war. Mike war übers Wochenende nicht nach Hause gekommen, und Laura und Kelly waren beim Fußballspiel ihrer High School. Ich wusch das Geschirr in der Küche, als ich in der Nähe der Treppe oder des oberen Balkons Geräusche hörte. Ich bekam Angst, aber ich sagte mir, das waren wahrscheinlich normale Geräusche im Haus und ich war einfach zu nervös. Sobald ich mit dem Geschirr fertig war, ging ich hoch. Ich verschloß die Schlafzimmertür hinter mir. Ich ging durchs Wohnzimmer ins Bad und putzte meine Zähne. Im Flur vor meinem Schlafzimmer hörte ich ein extrem lautes Geräusch. Dieses Mal wußte ich, das konnte kein normales Geräusch im Haus sein. Ich rannte aus dem Bad, sprang aufs Bett und rief Mike an. Während wir sprachen, hörte ich etwas, das klang, als drehe jemand meinen Türknauf. Ich war starr vor Angst, bluffte aber und verkündete laut, daß ich jeden, der hereinkäme, erst einen Kopf kürzer machen und dann Fragen stellen würde. Bald hörte ich leisere, nicht zu identifizierende Geräusche; ich vermutete, sie kamen von jemandem, der die Treppe hinunterschlich. Mike sprach mit mir, bis ich mich wieder beruhigt hatte und mich sicher fühlte. Ich hatte immer noch viel zuviel Angst, um mich auch nur zu bewegen und blieb stundenlang in Alarmbereitschaft auf meinem Bett bis Laura und Kelly heimkamen. Dann öffnete ich meine Schlafzimmertür und sah, daß das Gitter, das die Lüftung verschloß, im Flur vor meinem Schlafzimmer lag. Ich schaute in die Lüftung und war baß erstaunt, als ich sah, daß sie groß genug war, um darin stehen zu können. Offensichtlich hatte sich jemand darin versteckt. Ich schloß die Möglichkeit aus, daß es ein Dieb war, denn es war nichts gestohlen worden. Und wenn der Eindringling ein Mörder oder Vergewaltiger gewesen wäre, warum hätte er dann sein Verbrechen nicht gleich begehen sollen als er das Haus betrat, statt sich in der Lüftung zu verstecken? Ich schloß daraus, daß der Eindringling ein Agent des Militärs oder der Regierung gewesen sein mußte. Was wollten diese Leute? Wollten die mir einfach nur Angst einjagen oder hatten sie doch üblere Absichten?

Am 18. Oktober flog ich zu einer MUFON-Konferenz nach St. Louis. Mike nahm einen anderen Flug und kam spät am selben Abend an. Er hatte Durchfall, der ihn so sehr schwächte, daß er an diesem Tag im Krankenhaus Infusionen erhalten hatte. Ich fragte ihn, warum er zu der Konferenz käme, wenn er so krank sei. Er erklärte, er denke, Agenten seien für seine Krankheit verantwortlich. Er hatte das Gefühl, sie wollten verhindern, daß er zur Konferenz käme, und er war fest entschlossen, ihnen diesen Erfolg nicht zu gönnen. Wir fragten uns, ob auch mein Eindringling vom 11. Oktober beabsichtigt hatte, mich so krank zu machen, daß ich die Konferenz nicht besuchen konnte. Wir werden wahrscheinlich nie wissen, ob unsere Vermutungen gerechtfertigt waren.

Mike blieb während des größten Teils der Konferenz im Bett, während John und ich uns privat mit einer Gruppe UFO-Forschern trafen, um meine Erlebnisse mit Agenten des Militärs oder der Regierung zu besprechen. Die Gruppe war zuvorkommend und machte mir Mut, als sie meine Geschichte hörte. Als unser Treffen vorbei war, fühlte ich mich sicherer in dem Wissen, daß diese UFO-Forscher alle meine wichtigen Geheimnisse kannten.

Mike war noch etliche Wochen nach der Konferenz krank; ich machte mir äußerste Sorgen um ihn, da seine Krankheit zu inneren Blutungen geführt hatte. Sein Arzt diagnostizierte eine schwere bakterielle Entzündung. Da es sich um eine bakterielle und nicht um eine Entzündung durch Viren handelte und wegen des Zeitpunkts zu dem sie auftrat, war Mike sich so sicher wie nie, daß er Opfer einer Gewalttat geworden war.

Im Laufe des Herbstes wurde ich Opfer etlicher körperlicher Anomalien. Als ich im Juli in Springfield war, hatte ich Spasmen im Kreuz. Ich saß auf dem Bett in meinem Hotelzimmer, als der Anfall kam. Zuerst dachte ich, etwas erschütterte das Bett. Ich stand auf und schaute darunter, aber da war nichts. Wieder kam ein Anfall, und mir wurde klar, daß die Erschütterungen aus meinem Rücken kamen, nicht von einer äußeren Kraft. Im September traten die Spasmen dann etliche Male wieder auf. Ich fragte mich, ob diese Spasmen das Ergebnis der medizinischen Prozeduren sein konnten, die meine menschlichen Entführer an mir vollzogen hatten. Die Vorstellung machte mich wütend.

Am Morgen des 25. Oktober entdeckte ich einen kleinen Kratzer an meinem linken Handgelenk, der leicht blutete und einen grüngelben Fleck, etwa zwei Zentimeter davon entfernt. Ich hatte auch ein braunes, ovales Brandmal am Hals. Es sah aus, als hätte jemand ein kleines Keksförmchen genommen und mir auf die Haut gepreßt. Am Mittag war der Brandfleck verschwunden. Im Laufe des Nachmittags fühlte ich mich, als wäre ich von innen ausgekratzt worden. Diese körperlichen Symptome ließen mich glauben, daß in der Nacht eine Entführung stattgefunden hatte, aber ich konnte mich an nichts erinnern. Ich wurde wütend auf meine Entführer.

Warum erlaubten sie mir nicht, mich an die Begegnungen zu erinnern? Warum?

Ich vermutete, daß in der Nacht des 28. Oktober eine weitere Begegnung stattgefunden hatte. Ich wachte am nächsten Morgen mit einem äußerst wunden rechten Nasenloch auf. Weit oben, innen, in der Nähe des Auges hatte ich das Gefühl, ein fremdes Objekt sei eingesetzt worden. Ich fühlte mich unwohl; ich wollte es rausholen. Aber es war zu weit oben, als daß ich es hätte erreichen können.

Am 14. November entdeckte ich eine neue Wunde, versteckt unter meinem Haar über meiner rechten Schläfe. Die Narbe war klein, weiß und gezackt. Ich wußte, sie war noch nicht lange da, aber ich wußte nicht genau, an welchem Datum sie aufgetaucht war. Und ich wußte auch nicht, was sie verursacht hatte. An einem Wochenende im Herbst entdeckte Mike drei seltsame Male an meinem Rücken, die Haut war dort blau und eingedellt. Die Eindrücke waren fast rechteckig, etwa zwei Zentimeter lang und eineinhalb Zentimeter breit. Ich hatte im Oktober und November sehr viel zu tun, und so versäumte ich, das genaue Datum festzuhalten, an dem Mike sie gefunden hatte. Ich wußte nur, daß sie in einem der beiden Monate auftauchten. Sie blieben etliche Wochen lang.

Am 23. November fuhren Mike und ich nach Fort Walton Beach und nach Gulf Breeze, um zu sehen, ob wir irgendwelche Beweise für den Zwischenfall am Strand finden konnten. Wir kehrten enttäuscht zurück. Wir erfuhren, daß sich die Oberste Leitung der Streitkräfte im August 1988 in der Naval Air Station in Pensacola getroffen hatte und dort in einen Hangar geführt wurde, der unter extrem strengen Sicherheitsvorkehrungen stand und zeitweise klimatisiert war. Wir erfuhren auch, daß am 28. November 1988 einige Teenager vom Personal der Air Force angewiesen wurden, das Gulf Islands National Seashore zu verlassen, denn es hätte sich dort ein Zwischenfall ereignet. Aber diese Details allein konnten mich noch nicht befriedigen.

Am 4. Dezember stellte ich fest, daß meine Computerdisketten durcheinander gebracht und zwei Drittel meines letzten Briefes an John gelöscht worden waren. Keiner im Haus hatte das getan. Ich war sehr aufgebracht darüber, daß ein Unbekannter sich an meinem Eigentum zu schaffen gemacht hatte. Und meine Unfähigkeit, diese seltsamen Zwischenfälle, deren Zweck mir ein Rätsel war, unter Kontrolle zu bekommen, frustrierte mich.

Kapitel 15

Der Herbst steckte nicht nur voller verblüffender Ereignisse, sondern auch voller weiterer Träume von Außerirdischen und eigenartiger Gedankenblitze.

Am 25. August träumte ich, eine außerirdische Kraft zöge mich aus dem Bett, und ich bat inständig: „Bitte nicht heute nacht. Ich bin zu müde." Ein Außerirdischer erwiderte telepathisch: „Es ist nötig. Wir müssen deinen Verstand mit mehr Wissen füllen." Dann strömten in rascher Folge Symbole durch meinen Kopf.

Als ich aufwachte, erinnerte ich mich nur an eines der Symbole, das Symbol für den Menschen. Der Traum war so lebhaft und rief so viele Emotionen wach, daß ich zu dem Schluß kam, daß es wahrscheinlich ein echtes Ereignis war.

Am nächsten Abend besprach ich die Geschichte mit einer bekannten MUFON-Forscherin am Telefon. Sie fragte, ob ich in letzter Zeit Hubschrauber hätte ums Haus fliegen sehen. Ich sagte ihr nein. Aber um 2.14 Uhr in genau der Nacht weckte mich das Geräusch eines lauten Hubschraubers, der unmittelbar über meinem Schlafzimmer flog. Verjagte der Hubschrauber ein Raumschiff? Hatte das Militär bei meinem Telefongespräch zugehört und gedacht, daß die Außerirdischen, da sie mich in der Nacht zuvor besucht hatten, vielleicht in der Nacht wieder kämen? War der Hubschrauber nur eine Botschaft, daß das Militär meine Telefongespräche abhörte? Ich wußte, der Hubschrauber war aus einem bestimmten Grund da, weil Hubschrauber sonst nicht unmittelbar über meinem Haus flogen, besonders nicht mitten in der Nacht. In den nächsten paar Nächten konnte ich ungestört schlafen.

Am 31. August hatte ich dann wieder einen lebhaften Traum. Ich schaute aus einiger Entfernung auf die Erde. Links von ihr sah ich, wie sich ein anderer Planet auf sie zubewegte und dann mit der Erde verschmolz. Während ich dieses Ereignis beobachtete, erklärte ein Außerirdischer, ich würde auf die damit verbundenen Veränderungen vorbereitet, die sich in der Folge dieser künftigen Verschmelzung ergäben.

Als ich aufwachte und über diesen Traum nachdachte, stellte ich fest, daß die einzigen Träume, an die ich mich je im Detail erinnern konnte, mit Raumschiffen, Außerirdischen oder Entführungen durch Menschen vom Militär zu tun hatten. Ich hatte viele Male von Tornados geträumt, aber ich konnte mich nie an Details erinnern, wenn ich aufwachte. Vielleicht waren meine lebhaften Träume wichtiger, als mir bewußt war, und ich sollte ihnen in Zukunft mehr Beachtung schenken.

Meine erste Chance kam am 23. September, als ich träumte, ich untersuche eine Birne. Ich studierte nicht nur das Äußere sondern auch die Zellstruktur unter der Schale. Als ich aufwachte, dachte ich: „Warum habe ich von der Zellstruktur einer Birne geträumt? Ich interessiere mich doch gar nicht besonders für Naturwissenschaft."

Plötzlich sagte mir eine stille Stimme: „Das ist ein Teil deiner Einweisung." Ich akzeptierte dies als Bestätigung, daß ich diesen lebhaften Träumen mehr Aufmerksamkeit schenken sollte.

Am 25. September wurde ich wieder von geistigen Bildern geplagt, nachdem ich die Bibel gelesen und gebetet hatte. Ich sah winzige Adern auf grünen Blättern, winzige Kreaturen, die wie Spermien aussahen, ein rundes, poröses, weizenfarbiges, schwammähnliches Objekt und ein holzkohleähnliches Material, das wie Lehm aussah. Als nächstes sah ich eine Lebensform, die aussah, als sei sie halb Pflanze, halb Spinne. Schließlich sah ich eine normal aussehende Spinne, sie war tot und spröde. Große schwarze Ameisen krabbelten über sie und starben.

Was geschah mit mir? Waren auch diese Bilder Teil meiner Unterweisungen? Ich dachte, wenn die Außerirdischen versuchten, mich etwas über Naturwissenschaft zu lehren, dann hatten sie sicher einen gewissen Humor; ich kannte nicht einmal den Unterschied zwischen einer Zelle und einem Molekül.

Etliche Visionen, die im Laufe des Herbstes erschienen, waren offensichtlich Teile von Erinnerungen, die wieder zutage kamen. Ich erinnerte mich, wie ich in die Empfangshalle eines Hotels ging und eine Jacke trug, die mir nicht gehörte. Ich erinnerte mich, daß einer meiner menschlichen Entführer einen Adler auf dem Ärmel seiner Uniform hatte. Und ich erinnerte mich, daß ich in einem Militärflugzeug flog. Ich war froh, daß ich mich an diese Dinge erinnerte, aber zugleich wütend, daß ich mich nicht vollständig an das Ereignis erinnern konnte, von dem sie kamen.

Am 2. Oktober hatte ich wieder einen seltsamen „Geistesblitz", nachdem ich die Bibel gelesen und gebetet hatte. Es war, als sagte mir eine stille Stimme, ich solle Seite 29 lesen. „Was?" dachte ich, verwundert über dieses stille Eindringen. Und wieder kam die Botschaft: „Lies Seite 29." Ich sah vor meinem geistigen Auge die Seite eines Buches mit der Zahl 29 in der rechten oberen Ecke.

Ich konnte mir Worte auf der Seite vorstellen, aber ich konnte die einzelnen Worte nicht erkennen. „Ich kann nicht etwas lesen, das ich nicht sehen kann", widersprach ich. Aber wieder forderte die stille Stimme mich auf: „Lies Seite 29."

Mir wurde klar, die stille Stimme würde mich quälen, bis ich es versuchte. Unter größter Anstrengung brachte ich es fertig, ein paar Worte zu erkennen. Im ersten Abschnitt stand etwas, daß die Familie Gottes von der Erde weggebracht würde. Im zweiten Abschnitt stand etwas über eine Odyssee.

Als die Seite wieder vor meinem geistigen Auge verschwunden war, wurde mir klar, daß dies das seltsamste war von allen seltsamen Dingen, die mit mir geschehen waren. Wer hatte diese Botschaft gesandt? Wie wurde sie übermittelt? Und warum?

Bei der MUFON-Konferenz in St. Louis sprach ich mit etlichen Leuten über diesen Zwischenfall. Statt Skepsis zu zeigen, wie ich es erwartet hatte, sagten sie, sie hätten von solchen Dingen schon gehört. Sie waren enttäuscht, daß ich nicht die gesamte Botschaft hatte erkennen können. Deshalb versuchte ich am 30. Oktober, als ich alleine und alles ruhig war, telepathischen Kontakt zu denjenigen herzustellen, die mir Seite 29 zeigen wollten. Ich wußte nicht, ob es gelingen würde. Ich machte mir Sorgen, daß ich vielleicht auf Boden vordrang, von dem Gott wollte, daß wir ihn meiden. Ich bat Gott, mir zu verzeihen, wenn ich gegen Seinen Willen verstieße. Dann begann ich mit der Kontaktaufnahme: „Ich möchte mit Wesen in Verbindung treten, die den Herrn, meinen Gott lieben, die Ihm dienen und Ihn als ihren einen einzigen Gott verehren", sagte ich im stillen. „Jemand bat mich neulich, Seite 29 zu lesen, aber es gelang mir nicht. Ich möchte es noch einmal versuchen. Dieses Mal werde ich mich nach allen Kräften bemühen."

Ich wartete ruhig und schwieg. Nichts geschah. Ich bekam schon das Gefühl, mein Versuch sei wohl vergeblich gewesen, da erreichte mich eine stille Botschaft: „Mach dir keine Sorgen darüber, ob du nun Seite 29 lesen kannst oder nicht. Hol dir Papier und Stift. Wir werden sie für dich zusammenfassen."

Überrascht, daß ich eine Antwort erhalten hatte, tat ich, wie mir gesagt wurde. Die Botschaft kam nicht in einzelnen Worten, sondern in vollständigen Gedanken. Sie flossen schneller in meinen Kopf, als ich sie niederschreiben konnte.

Am Ende der Übermittlungen las ich, was ich geschrieben hatte:

> *Wenn diese Ereignisse geschehen sind, wie geschrieben steht, wird die Familie Gottes von der Erde weg in ein anderes Universum gebracht werden. Sie werden jetzt auf die Reise vorbereitet. Die Erde wird eine Zerstörung erleiden, die vom Menschen gezündet werden wird. Eine allgemeine Erhebung wird stattfinden. Zuvor werden Auserwählte ausgesucht, um das Fortbestehen ihrer Spezies zu gewährleisten. Sie werden auf die Anpassung an ihre neue Umgebung vorbereitet.*
>
> *Viel Arbeit muß getan werden, bevor die Odyssee stattfinden kann. Zeit ist wesentlich. Glaube ist wichtig. Glaube ist der Grund, den nicht jeder kennt. Der Glaube an Gott ist Vorbedingung, nicht Beweis und nicht Indiz. Die Familie Gottes wird von ihren Kohorten von der Erde gerettet werden. Die Odyssee wird rasch und überstürzt stattfinden. Die Familie Gottes weiß, daß sie vorbereitet wird und daß sie ihre Anweisungen erhält.*

Ich war erstaunt, daß meinem Versuch Erfolg beschieden war und dachte über diese Worte nach. Ich fragte mich, wer diese Botschaft gesandt hatte und welchem Buch sie entnommen war. Was stand auf den ersten achtundzwanzig Seiten? Welche Art Zerstörung würde die Erde erleiden? Wo war diese neue Umgebung? Ich wußte nur, daß ich zu den Leuten gehörte, die vorbereitet wurden und denen Anweisungen gegeben wurden und daß die Information gespeichert worden war, um zur rechten Zeit ins Bewußtsein gerufen zu werden. Als ich über diese Worte nachdachte, fragte ich mich, ob in ihnen der Schlüssel zum ganzen Außerirdischen-Phänomen lag.

Über diese Visionen hinaus hatte ich im Laufe des Herbstes 1991 etliche Träume. Am 9. Oktober träumte ich, ich wäre mit einer Gruppe von Freunden und Verwandten in Gulf Coast. Wir standen am Meer, es wurde langsam dunkel. Ich bat Mike, die Kamera aus dem Wagen zu holen; ich wollte Fotos von UFOs machen, falls wir welche sahen. Während Mike weg war, rief einer meiner Freunde mir zu, ich solle nach oben sehen. Ich sah ein Objekt und wußte, es mußte ein Raumschiff sein. Ein kleineres Objekt schoß vom Himmel herunter und beamte mich überraschend zu sich hoch. Ich war sauer, daß die Außerirdischen mich meinen Freunden weggenommen hatten. Ich protestierte und rief Ceto. Ein paar Sekunden später sagten mir die Außerirdischen, ihr Verhalten sei notwendig, ich würde auf den Übergang vorbereitet.

Am 11. November träumte ich, ich leistete einer Kraft Widerstand, die mich aus dem Bett zog. In meinem rechten Ohr war ein lautes, fast ohrenbetäubendes Summen. Ich sagte, was es auch immer sei, es solle verschwinden und mich in Ruhe lassen, ich müsse bald aufstehen und zur Arbeit gehen. Ich versuchte, meine Arme und Beine zu bewegen, aber Elektroschocks durchzuckten sie. Ich konnte mich aus dem Bett kämpfen, wobei der Strom weiter durch mich hindurchschoß. Plötzlich verstreute eine Art Kraft meine Sachen überall im Zimmer. Ich wurde wütend, daß diese Kraft die Frechheit besaß, in meinem Zimmer ein solches Durcheinander zu veranstalten. Dann aber wurden die Schmerzen von den Elektroschocks so qualvoll, daß ich mich nicht mehr länger auf die Wut konzentrieren konnte. Als der Wecker klingelte, sah ich mich im Zimmer um und war erleichtert, als ich feststellte, daß alles an seinem Platz war.

Am 20. November träumte ich, ich wäre in der Nähe meines Schlafzimmerfensters und sah meinen Körper auf dem Bett liegen. Ich stellte fest, daß meine Augen geschlossen waren, ich trug kein Make-up und ich sah leblos aus. Als ich aufwachte und mich an diesen Traum erinnerte, überkam mich ein unheimliches Gefühl. Ich fragte mich, ob das eine Erinnerung war an ein Erlebnis als ich meinen Körper verlassen hatte, oder an ein Nah-Tod-Erlebnis.

Der nächste Traum kam in der Nacht des 3. Dezember. Ich träumte, ich wäre draußen und sähe einen breiten, weißen Lichtstrahl am Himmel, der sich nach links dem Boden zuneigte. Links des Strahls waren abwechselnd pulsierende Flecken orangen und weißen Lichts. Aufgrund der Positionen des Strahls und der pulsierenden Lichter wußte ich, daß es zwei UFOs sein mußten, aber ich konnte sie beide nicht sehen. Ich fand mich bald auf dem Rücksitz eines unbekannten Autos und machte Fotos von einem UFO, das sich offensichtlich so hinmanövrierte, daß ich möglichst einfach Bilder von ihm machen konnte. Als das UFO wegflog, sah ich einen Außerirdischen, der durch das Heckfenster des Wagens sah. Er sah menschlich aus bis auf seine bronzefarbene Haut. Er hatte braunes, streng zurückgebürstetes Haar. Ich erwachte um 4.46 Uhr aus diesem Traum und hörte ein seltsames, brummendes Geräusch, das etwa zwanzig Sekunden anhielt und dann plötzlich verschwand. Als ich aufstand, entdeckte ich, daß das Schloß an meiner Schlafzimmertür entriegelt war. Ich war mir hundertprozentig sicher, daß ich die Tür verriegelt hatte, bevor ich zu Bett ging. Ich hatte keine Ahnung, weshalb sie nun offen war.

Am folgenden Wochenende erzählte ich Mike den Traum. Da kam Kelly herein und sagte: „Mom, ich kann dir sagen, wann du den Traum hattest, es war Dienstag nacht. Um halb eins hörte ich ein Brummen. Ich weiß nicht, woher ich das wußte, aber ich wußte, das Geräusch kam von einem Raumschiff. Ich dachte: ‚Die kommen wahrscheinlich wegen Mom. Ich hoffe, sie hat eine angenehme Reise!'"

Kelly hatte recht; der Traum kam Dienstag nacht. Ich war dankbar, daß Kelly keine Angst hatte, als sie vermutete, daß es ein außerirdisches Raumschiff war und daß sie in der Situation ihren Humor nicht verlor.

Die nächste Begegnung ereignete sich in der Nacht des 19. Dezember. Ich wachte um 2.26 Uhr auf und hörte, wie eine Tür im Haus auf und zu ging. Ich schlief fast sofort wieder ein und träumte, eine Kraft zöge mich aus dem Bett. Ich schwebte auf die Tür meines Schlafzimmers zu und dachte: „Jetzt gehe ich durch diese Tür wie schon so oft zuvor. Ich muß mich jetzt dematerialisieren."

Als ich durch die Tür ging, sah ich, daß zwei sauber gefaltete Notizbuchblätter im Türspalt steckten. Ich entfernte sie und fing an, eines zu lesen. Ich sah, daß es eine ganze Seite voller Informationen enthielt, die ich nicht würde zu Ende lesen können, bis die Kraft mich an meinem Bestimmungsort abgeliefert haben würde. Ich steckte dieses Papier in die Tasche meines Morgenmantels und fing an, das zweite zu lesen. Es enthielt ein seltsames mathematisches System, eine Art zu zählen, die anders war als unsere. Ich hatte das Gefühl, die Außerirdischen wollten mich dieses neue System lehren. Als ich die Seite zu Ende studiert hatte, steckte ich sie zu der anderen in die Tasche.

Bald danach ging ich auf etwas zu, das wie ein Schiff aussah und am Rand eines Gewässers festgemacht war. Ich ging an Bord des Schiffes und fand menschlich aussehende Außerirdische, die dort arbeiteten. Da ich das schon so oft mitgemacht hatte, fragte ich sie nur, ob sie für mich bereit wären. Jemand sagte, das wären sie, und so ging ich zu einem Tisch und legte mich darauf. Ich fragte eine weibliche Außerirdische, die die Leitung zu haben schien, ob auch andere Leute außer Entführten je auf das Schiff kämen und wenn ja, was die dann dächten, wer die Außerirdischen seien. Die Antwort, die ich erhielt, hatte etwas mit Jüngern zu tun. Dann erschien ein Dobermann an meiner rechten Seite. Ich sagte der Außerirdischen, daß ich vor großen Hunden Angst hätte und daß sie ihn von mir wegbringen solle. Der Hund fing an, an meiner rechten Körperseite zu nagen. Ich erschrak, aber ich wußte, ich sollte mich nicht bewegen. Endlich sagte die Außerirdische dem Hund, er solle weggehen. Meine Seite tat weh, wo der Hund zwei Stücke herausgebissen hatte.

Ich wachte um 3.20 Uhr aus diesem Traum auf. Meine linke Schläfe tat ein paar Sekunden lang weh, dann tat meine rechte Schläfe etwa genausolang weh. Ich nahm sofort einen Notizblock zur Hand und schrieb meinen Traum nieder, denn ich befürchtete, ich würde ihn vergessen. Um 3.42 Uhr hörte ich etwas, das wie ein kleiner Motor im Wald klang. Es klang entweder wie eine Kettensäge, eine Heckenschere mit Benzinmotor oder ein Rasenmäher. Ich dachte: „Wer um alles in der Welt arbeitet nachts im Garten, wenn es stockfinster ist?“ Es ergab keinen Sinn. Als ich Stunden später aus dem Bett stieg, suchte ich in den Taschen meines Morgenmantels nach gefaltetem Notizbuchpapier. Ich war enttäuscht und überrascht, als ich dort keines fand.

Im Dezember erhielt ich eine weitere Botschaft von der stillen Stimme. Sie lautete: „Befreie dich von allen Sorgen, Angst und Wut. Sie schaffen Lärm im Kopf.“

Ich wußte genau, was die Botschaft bedeutete. Ich hatte lange Zeit große Angst gehabt, daß Agenten des Militärs oder der Regierung mich oder meine Familie umbringen würden, und ich deutete alles, was sie taten als offene Drohung. Aber größer noch als meine Angst war die Wut, die ich auf sie hatte. Sie hatten kein Recht, die Öffentlichkeit über das Außerirdischen-Phänomen in Unwissenheit zu lassen. Sie hatten insbesondere kein Recht, Leuten, von denen sie wußten, daß sie persönlich von dem Phänomen betroffen waren, damit zusammenhängende Informationen vorzuenthalten.

Und ja, ich machte mir große Sorgen. Sorgen über finanzielle Probleme. Sorgen über die Auswirkungen, die das Außerirdischen-Phänomen auf meine Familie hatte. Sorgen, daß es für Mike zuviel werden und er mich verlassen würde. Sorgen, daß ich mich in etwas so Böses verstricken könnte, daß ich dem nie mehr entrinnen könnte. Sorgen, daß meine Verwicklung in das Phänomen mich meinen Arbeitsplatz kosten könnte. Kurz, ich machte mir Sorgen über alles in meinem Leben, was mir wichtig war.

Diese Sorgen, Angst und Wut hatten meine Gedanken aufgefressen und meinen Verstand durcheinander gebracht. Ich wußte, daß die stille Stimme mir sagen wollte, daß sie nur schlecht zu mir durchdringen konnte, wenn ich diesen negativen Gefühlen erlaubte, mich ganz zu erfüllen. Ich wußte auch, daß die stille Stimme mir sagte, es wäre zu meinem eigenen Besten, wenn ich mich von diesen negativen Gedanken befreien würde, denn sie begrüben mich unter sich. Ich wußte, es würde schwer werden, sie zu verjagen, aber ich schwor mir, es zu versuchen.

Ich verstand zwar diese letzte telepathische Botschaft perfekt, aber die anderen Geistesblitze und Träume, die in dem Herbst auftraten, blieben weiterhin ein Rätsel. Wieder beschloß ich, nach Springfield zurückzukehren, in der Hoffnung, ich würde Einsichten gewinnen in mein immer umfassender werdendes Puzzle.

Kapitel 16

In der ersten Januarwoche 1992 kehrte ich nach Springfield zurück. Dieses Mal begleitete mich Mike. Er wollte die erste Hypnosesitzung für sich haben, um herauszufinden, ob er Entführungen erlebt hatte. Aber weil sich Mike nicht völlig entspannen konnte, war seiner Sitzung bei John kein Erfolg beschieden. Die nächste Sitzung war für mich reserviert. John schloß das Mikrophon an und fing an: „3. Januar 1991", sagte er.

„1992", korrigierte ich ihn.

„Ja, danke", sagte John. „Das falsche Jahr. Ich sehe, Sie kennen sich aus. Sie führt keiner an der Nase herum."

John, Grace und ich besprachen zuerst die Erinnerungsblitze, einschließlich des telepathischen Bildes meines „Sohnes", und die Träume, die ich seit meinem letzten Besuch gehabt hatte. John schien sich ganz besonders für meinen Traum vom 3. Dezember zu interessieren, in dem ich Fotos von einem Raumschiff machte, besonders als ich ihm sagte, es gebe sieben Bilder auf meinem Film, bei denen sich niemand erinnere, wer sie gemacht hatte. Ich erklärte, daß, als ich den Film entwickeln ließ, die ersten sieben Bilder nichts wurden.

Endlich waren wir bereit für die Hypnose. Nach der Entspannung bat mich John, mich daran zu erinnern, wie ich Bilder machte und zu beschreiben, was ich durch den Sucher sah. Ich erinnerte mich, daß ich die Kamera auf ein riesiges Raumschiff gerichtet hatte, als mich ein blendendes Licht einhüllte. Ein dünnes, weise aussehendes Wesen, größer als Cetos Rasse, stand mir im Licht gegenüber und machte Gesten, wie um mich anzuweisen. Ich wußte, er lehrte mich etwas als Teil meiner Vorbereitung auf die Zukunft, aber ich konnte mich nicht erinnern, was. Unser gesamtes Gespräch war telepathisch. Als mein Lehrer seine Unterweisungen beendet hatte, sagte er: „Geh jetzt." Ich konnte mich bei diesem Zwischenfall an nicht mehr erinnern.

Als nächstes bat mich John, an eine Zeit zurückzudenken, als ich in der Empfangshalle eines Hotels war. Ich erinnerte mich, daß ich im hinteren Teil der Halle in der Nähe der Aufzüge stand und eine dunkle Jacke trug, die mir nicht gehörte. Die Ärmel waren zu lang und nervten mich.

Zwei Männer hatten mich in das Hotel gebracht. Einer ging zur Rezeption, um den Schlüssel zu meinem Zimmer zu holen, der andere stand neben mir, hatte eine Pistole in seiner Tasche und sagte mir, ich solle besser keine Dummheiten machen. Ich war beleidigt und wütend, weil man mich wie eine Gefangene behandelte, aber ich hatte zuviel Angst, um eine Szene zu machen und gehorchte daher meinem Entführer. Während wir auf den Schlüssel warteten, bemerkte ich, wie die Angestellten des Restaurants das Frühstücksbuffet richteten. Als der andere Mann wiederkam, gingen wir nach oben in mein Zimmer. John bat mich, zeitlich etwas zurückzugehen und mich daran zu erinnern, was geschah, bevor wir in dem Hotel ankamen. Ich erinnerte mich, wie ich auf dem Rücksitz eines großen blauen Wagens saß, mich benommen fühlte. Aber ich erinnerte mich an keine andere Unterhaltung, als daß einer der Männer sagte: „Vergiß nicht, was wir dir gesagt haben. Mach keine Dummheiten!“

John bat mich, zeitlich weiter zurückzugehen bis zu dem Punkt, an dem ich das Auto zum ersten Mal sah. Ich erinnerte mich, daß ich die Stufen eines Flugzeuges hinunterstieg. Ein Mann hinter mir befahl mir, in den Wagen zu steigen. Ich durfte mich nicht umsehen. Ich konnte mich nicht erinnern, wie, wann oder woher ich mit dem Flugzeug kam und auch an nichts darüber, wie es in dem Flugzeug war, nicht einmal an den Flug. Ich konnte mich nur erinnern, wie ich aus dem Flugzeug stieg. John bat mich, zeitlich wieder vorwärts zu gehen und mich daran zu erinnern, was geschah, als die Männer und ich in meinem Hotelzimmer angekommen waren. Ich erinnerte mich, daß Mike drin sein sollte. Einer der Männer öffnete die Tür und ging rein. Der andere hielt mich draußen im Flur fest. Ich stand mit dem Rücken zur Wand und fühlte mich schwindlig. Das letzte, an das ich mich bei diesem Zwischenfall erinnern konnte, war, daß ich an der Wand herunter auf den Boden glitt und alles um mich herum schwarz wurde.

John sagte mir, ich solle die Szene wechseln, mich durch die Zeit bewegen und auf das Bild eines kleinen Jungen mit braunem Haar konzentrieren. Ich erinnerte mich, daß ich an Bord eines Raumschiffes war und mir eine Art dreidimensionales Video eines Kindes gezeigt wurde. Das Video erschien vor meinem Gesicht, nachdem die Wesen mir Eizellen entnommen hatten. Ein Wesen, das rechts von mir stand, sagte mir, das Kind sei mein Sohn. Sie wollten, daß ich wußte, was sie mit einigen meiner Eizellen gemacht hatten.

Als nächstes erinnerte ich mich daran, daß ich vor einer Trennwand mit Fenstern stand und etwas betrachtete, das ich „Babygewächshaus“ nannte. Auf der anderen Seite der Trennwand war ein Raum voller durchsichtiger

Behälter, die in der Luft schwebten. In jedem Behälter schwebte ein halb menschliches, halb außerirdisches Baby. Sie sahen aus wie Föten mit kreidefarbener Haut, großen Augen und ohne Haare. Die Intensität des Lichtes erstaunte mich; es erschien mir viel zu hell für Babies.

Irgendwie wußte ich, daß mir wieder gezeigt wurde, zu was die Wesen meine Eizellen verwendeten. Da meine Erinnerung da endete, beendete John die Sitzung.

Später, als ich allein war, dachte ich über diese Vorfälle nach.

Ich fragte mich, welche Unterweisungen der Lehrer im Licht mir gegeben hatte und wann die Zeit für mich kommen würde, sie anzuwenden. Ich fragte mich, ob der Zwischenfall in der Empfangshalle des Hotels mit dem Absturz am Strand zu tun hatte. Wenn nicht, warum war ich dann in einem Flugzeug gewesen? Wo war ich gewesen? Was war vor und während des Fluges geschehen? Ich fragte mich, wo der kleine Junge mit dem braunen Haar jetzt war und wieviele Babies in dem Kinderzimmer mir gehörten. Würde ich sie je wiedersehen? Wer waren ihre Väter? Zumindest war ich sicher, daß gut für sie gesorgt wurde, und wenn ich auch nicht verstand, woher ich es wußte, es tröstete mich zu wissen, daß es ihnen bei den Wesen besser ging als bei mir.

Aber wiederum war ich enttäuscht, daß die Sitzung so viele neue Fragen gebracht hatte und so wenige Antworten.

Kapitel 17

In der nächsten Sitzung gestattete John meinen Gedanken, sich frei zu bewegen und zu erforschen, was immer sie wollten. Ich war es nicht gewohnt, daß mir in einer Sitzung solche Freiheit eingeräumt wurde und es fiel mir daher schwer, die Ereignisse zu sortieren und schließlich eines auszusuchen, das mir wichtiger erschien als andere. Und es war sehr schwer, mich auf etwas wirklich zu konzentrieren.

Nach großen Anstrengungen fand ich mich in einem Gebäude wieder, das in einen Hügel gebaut war. Ich schaute aus dem Eingang. Die Öffnung war breit, ähnlich einem Garagentor. Ich sah blauen Himmel, Männer in grünen Uniformen und einen Jeep. Dann sah ich einen schwarzen Hubschrauber vorbeifliegen. Die Einrichtung war schwach erleuchtet und hatte eine niedrige Decke. Ein Mann in grüner Uniform und ein seltsam aussehendes Wesen standen links von mir in der Nähe des Eingangs. Das Wesen war klein, es reichte dem Mann bis knapp übers Knie.

„Ich sollte mich eigentlich nicht daran erinnern", verkündete ich John und Grace.

„Sie können es später immer wieder vergessen", versicherte mir John. „Aber jetzt können Sie sich daran erinnern. Was ist noch mit dem kleinen Wesen?"

„Es hat dunkle Augen, aber rundliche. Sie sind nicht wie die der anderen Wesen. Ich erinnere mich an sein seltsames Haar." Ich machte eine Pause. „Ich soll mich daran eigentlich nicht erinnern", wiederholte ich.

„Was ist mit dem Haar?" fragte John mit Nachdruck.

„Es ist am Hinterkopf geflochten. Ich sehe überhaupt kein Haar vorne."

„Welche Farbe?" fragte John.

„Wie seine Hautfarbe."

„Und welche Farbe hat die?"

„Eine Art ... ich soll mich daran nicht erinnern", sagte ich und unterbrach mich selber. „Ich weiß, ich soll es nicht."

„Wer sagt Ihnen, daß Sie sich nicht erinnern sollen?" wollte John wissen.

„Ich weiß es nicht", erwiderte ich.

John fragte mich noch mehrere Male nach der Hautfarbe, aber ich konnte mich daran nicht erinnern. Als nächstes erinnerte ich mich, daß ich auf einem Tisch unter einem Licht lag. Ich konnte meine Augen nicht offen halten, weil es so hell war. Das Licht hatte manchmal einen rötlichen Farbton wie eine Wärmelampe.

„An was erinnern Sie sich jetzt?“ fragte John.

„Ich fühle mich schwindlig, als stünde ich unter Beruhigungsmitteln oder so“, murmelte ich.

„Hören Sie etwas?“ fragte John.

„Jemand stellt mir Fragen“, erwiderte ich.

„Was für Fragen?“

„Ich kann mich nicht an die einzelnen Fragen erinnern. Ich soll mich daran nicht erinnern. Man sagt mir, ich würde bestraft.“

„Wer wird Sie bestrafen?“ fragte John.

Ich konnte mich nicht erinnern, wer genau für meine Bestrafung zuständig wäre. „Es ist wie ein Echo“, fuhr ich fort. „Es ist wie ein Echo der Worte: ‚Sie werden bestraft.‘ Wie ein Echo immer und immer wieder.“

„Sie werden nicht bestraft“, versicherte mir John. „Das ist eine leere Drohung. Das ist nur eine Einschüchterungstaktik. Sie sind sicher, wenn Sie sich jetzt erinnern.“ Er machte eine Pause. „Was ist eine der Fragen, die sie Ihnen stellen?“

„Sie wollten wissen, was die Außerirdischen mit mir in dem Raumschiff machten“, erwiderte ich.

„Was sagen Sie?“

„Ich antworte nicht.“

„Was sagen sie als nächstes?“

Ich spürte etwas wie intensive Stromstöße, die durch meinen Körper schossen. „Sie tun etwas, damit mein Körper mir weh tut, wenn ich nicht antworte“, erwiderte ich. „Ich spüre es am ganzen Körper.“

„Beantworten Sie daraufhin ihre Fragen?“ fragte John.

„Er fragte mich wieder: ‚Sagen Sie uns, was mit Ihnen geschieht, wenn Sie an Bord eines Raumschiffes sind?‘ Und wieder antworte ich nicht.“

„Und was passiert dann?“ wollte John wissen.

„Wieder Schmerzen“, sagte ich und spürte einen intensiven Stromstoß in meinem Körper. „Empfinden Sie irgendwo Druck oder Berührung?“

„Ich bin festgebunden. Ich spüre überhaupt nichts, außer dem Schmerz, wenn sie eine Frage stellen und ich mich weigere, sie zu beantworten.“

„Warum antworten Sie nicht? Mögen Sie diesen Schmerz?“ fragte John.

„Nein, er ist schrecklich!“ erwiderte ich.

„Wissen Sie die Antwort auf das, was er fragt?“ fragte John. „Was hätten Sie denen darüber sagen können, was die Wesen in dem Raumschiff machten?“

„Ich hätte denen sagen können, daß die Wesen Gewebeproben aus der Scheide schaben und mit der Nadel Eizellen entnehmen und sie in eine schwarze Schachtel legen und …"

„Warum haben Sie es ihnen nicht gesagt?" unterbrach mich John.

„Ich weiß es nicht. Ich erinnere mich nicht."

„Was hätten Sie denen noch sagen können, haben es aber nicht gesagt?"

„Vieles. Etwa, wie es aussieht, wenn man die Erde aus dem Fenster betrachtet."

„Wie sehen die Fenster aus?" fragte John.

„Echt dick mit einer bläulichen Färbung", antwortete ich. „Ich hätte ihnen sagen können, wie die Wesen miteinander kommunizieren, wofür die Implantate da sind", füge ich hinzu.

„Was wissen Sie darüber?" fragte John.

„Die Implantate im Ohr dienen der Kommunikation und der Überwachung", erklärte ich. „Sie können den Außerirdischen signalisieren, wenn wir in Schwierigkeiten stecken, und die Außerirdischen können über diese Wellen mit uns kommunizieren, wenn sie nicht da sind, aber mit uns sprechen müssen. Aber ich sage dem Mann nichts."

„Warum sind Sie den Außerirdischen gegenüber so loyal?" wollte John wissen.

„Weil sie versuchen, uns zu helfen", sagte ich ihm. „Wir können auf der Erde nicht länger ohne ihre Hilfe überleben."

„Warum dann all die Geheimhaltung?" fragte John.

„Sie können nicht jeden retten", erklärte ich. „Sie können nicht uns alle retten."

„Wie wissen sie, wen sie retten sollen?" fragte John.

„Ich weiß es nicht."

„Und Sie haben denen also nichts von alledem gesagt", grübelte John. „Aber Sie haben doch ein Wesen bei denen gesehen, die wußten also das alles schon."

„Nein", erklärte ich. „Er ist nicht von derselben Art."

Ich erinnerte mich an die Uniform des Wesens. Es war eine blaue Uniform an einem Stück aus einem Material, das Filz ähnelte, um die Taille eine rote Schärpe und ein rotes Abzeichen auf dem Arm. Ich hatte irgendwie den Eindruck, daß der Außerirdische die Schocks gab, wenn ich mich weigerte, ihre Fragen zu beantworten, aber ich konnte ihn nur aus dem Augenwinkel sehen. Ich erinnerte mich daran, daß sein Mund ein schmaler Schlitz war, aber ich erinnerte mich nicht, daß er in irgendeiner Weise mit irgendjemandem kommuniziert hätte.

Als nächstes erinnerte ich mich daran, daß ich draußen stand. Der Himmel war strahlend blau mit weißen Federwolken. Der Tag war sonnig und warm. Die sanften Hügel in der Nähe leuchteten in saftigem Grün. Ein Mann in einem Jeep sah durch ein Fernglas an den Himmel. Auch ich schaute nach oben und sah drei schwarze Hubschrauber, die hinter dem Hügel hervorkamen, in dem die Einrichtung untergebracht war. Sie flogen von uns weg. Ich fühlte mich benommen, als ich da stand und mir ansah, was geschah, teilnahmslos, ohne jedes Gefühl. Ich konnte mich an nichts weiter erinnern, und John beendete die Sitzung.

Der kleine Außerirdische, an den ich mich in dieser Sitzung erinnert hatte, war der gleiche, der auch in beiden Träumen im Juli 1991 auftauchte, in denen ein Wesen einen Saugnapf an meinem Körper befestigte und in denen ein Wesen Menschen in ein von Menschenhand gemachtes Raumschiff begleitete. Das Wesen hatte etwas Seltsames, etwas Mystisches, fast Irreales, aber ich konnte nicht genau sagen, was es war. Ich wußte aber, daß ich ihn nicht mochte, und ich hoffte, ich würde ihm nie wieder über den Weg laufen.

Als ich das Material, das wir in dieser Sitzung gewonnen hatten, durchsah, war meine wichtigste Frage, wann und wo sich dieser Zwischenfall ereignet hatte. Ich wußte, es war bei Tage gewesen. Da ich nie auf unerklärliche Weise meinen Kursen oder meinem Arbeitsplatz ferngeblieben war, schloß ich, daß es zu einer Zeit geschehen sein mußte, zu der ich nicht arbeitete oder die Graduate School besuchte. Und es schien zu einer Zeit gewesen zu sein, als mein Mann bei der Arbeit und meine Töchter in der Schule waren.

Ich dachte an den Sommer 1988 in Tennessee zurück, als ich selbständig war und zu Hause Steuererklärungen vorbereitete. An einem Wochentag in jenem Frühling schien die Zeit einfach wegzugleiten. Und in jenem Frühling gab es auch etliche Tage, an denen ich einfach in Tränen ausbrach, ohne zu wissen, warum. Ich konnte für beide Rätsel keine logische Erklärung finden. Und nun fragte ich mich, ob sich mein Besuch dieser Einrichtung im Hügel während dieses Zeitraums ereignet hatte. Wenn dem so war, dann wußten das Militär und die Regierung schon bevor ich nach Craston zog davon, daß ich mit Außerirdischen zu tun hatte. Bevor ich den ersten Brief an Budd Hopkins schrieb. Sogar bevor ich irgendjemandem von meinen Träumen über Außerirdische erzählt hatte.

Ich fragte mich nur, wie lange sie das schon wußten. Ich fragte mich, ob sie mich schon seit vielen Jahren, ja vielleicht mein ganzes Leben lang ohne mein Wissen beobachteten. Und ich fragte mich, ob sie vielleicht den Außerirdischen die Erlaubnis gegeben hatten, mich zu entführen.

Kapitel 18

Als John mich am nächsten Abend im hypnotischen Zustand hatte, bat er mich einfach nur, mich an einen Vorfall in der jüngsten Zeit zu erinnern, der meinen Schlaf gestört hatte.

Ich erinnerte mich, wie ich einmal aufwachte und Ceto, meinen außerirdischen Freund, neben meinem Bett stehen sah. Ich stand auf und folgte ihm ohne zu fragen, wie ich es schon so oft getan hatte. Er nahm mich bei der Hand, und wir glitten durch die Luft, durch die Schlafzimmertür, die Treppe hinunter und durch die Haustür. Als wir draußen standen, sah ich ein Raumschiff in Höhe der Baumwipfel. Zuerst sah es wie ein oranger Lichtball aus. Dann veränderte es seine Farbe zu Weiß und dann wieder zu Orange.

„Was tun Sie, als Sie es sehen?“ fragte John.

„Wir warten auf den Lichtstrahl“, erklärte ich.

„Was für ein Licht ist das?“ fragte John.

„Einfach weißes Licht“, erwiderte ich. „Wie kleine Sonnenstrahlen in einem Bündel. Eine Art Nebel. Wir stehen einfach da, und er beamt uns hoch. Jetzt stehe ich in einem runden Raum im Raumschiff.“

„Haben Sie diesen Raum schon einmal gesehen?“ fragte John.

„Ja.“

„Beschreiben Sie ihn.“

„Er ist überall rund. Total rund. Ich sehe blinkende rote und weiße Lichter in den Wänden des Raumschiffs.“ Ich machte eine Pause. „Das ist seltsam! Ich spüre den Boden unter mir nicht!“

„Sehen Sie einen Boden?“ fragte John.

„Nicht wirklich“, erwiderte ich. „Das ist seltsam.“

„Sind Sie allein in dem Raum?“ wollte John wissen.

„Nein. Es sind vier Wesen da.“

„Was geschieht jetzt?“

„Ich liege auf der Plattform, auf der ich immer liege. Über mir ist die schwarze Maschine. Sie bringen sie runter, und eine Nadel kommt heraus und sticht in meinen rechten Eierstock. Das tut wirklich sehr weh. Sie entnehmen Eizellen und legen sie in die schwarze Schachtel.“

„Was tun die noch?“ fragte John.

„Ich muß meine Augen schließen“, erwiderte ich. „Sie machen was mit meinem rechten Auge. Es scheint, sie rekonstruieren das Ganze. Es tut nicht weh, aber ich empfinde Druck.“

„Haben sie Werkzeuge oder verwenden sie ihre Finger?“ fragte John.

„Ich kann nichts sehen“, antwortete ich. „Ich habe meine Augen geschlossen. Ich fühle mich wie sediert, aber ich bin bei Bewußtsein.“

„Es quält Sie also nicht so sehr?“ fragte John.

„Es dauert nicht lang. Sie sind fertig.“

„Haben Sie irgend eine Erklärung erhalten, was die da tun?“ fragte er.

„Um die Farben klarer zu sehen“, sagte ich ihm. „Auch meine Nase fühlt sich anders an. Als sie mit meinem Auge fertig waren, fühlte es sich an, als sei da etwas drin.“

„Was fällt Ihnen an Ihrer Nase auf?“ fragte John.

„Während sie an meinem Auge herumfuchteln fühlt es sich an, als führten sie ein Objekt in meine Nase ein. Aber sie tun das nicht durch das Nasenloch; sie setzen es von der Augengegend her ein. Es fühlt sich an, als drückten sie es in die Innenseite meiner Nase, als schmolzen sie es ein. Es fühlt sich an, als sei es innen festgemacht. Ich weiß nicht, wie sie das machen.“

„Und ist das eine ganz schön blutige Angelegenheit?“ fragte John.

„Nein“, sagte ich. „Es blutet nicht. Aber nachdem sie das Auge rausgenommen, das Objekt eingesetzt und das Auge wieder zurückgesetzt haben, tut mir die Nase weh.“

„Was sagen die Ihnen darüber?“ fragte John.

„Ich erinnere mich nicht. Es hat mit der Anpassung an die künftige Umgebung zu tun.“

John wechselte das Thema. „Sie erhielten zu bestimmten Zeiten Geistesblitze über einen Zweck, eine Mission, Lehren und Lernen, eine Seite 29 und all die Dinge, über die Sie belehrt und unterwiesen werden sollen. Vielleicht kann einiges davon jetzt deutlich werden.“ John machte eine Pause. „Was haben Sie erfahren?“

„In vielen von uns ist Information gespeichert“, erwiderte ich. „Wir wissen, wer wir sind. Wir können ohne dieses Informationsreservoir nicht überleben. Wir brauchen alles, aber wir brauchen es jetzt noch nicht. Wir werden es bald brauchen.“

„Wie können Sie wissen, daß das deren Worte sind und nicht Ihre eigenen?“ wollte John wissen.

„Sie haben mir das erklärt“, antwortete ich. „Das hat er mir in dem Licht gesagt.“

„Wer sagte Ihnen das?"

„Der Lehrer."

Der Lehrer verschwand vor meinem geistigen Auge, und ich erinnerte mich, daß ich einen Mann gesehen hatte, der im Licht stand und den ich als „engelsgleich" beschrieb. Er war groß, hatte lange blonde Haare und blaue Augen. Eine lange weiße Robe kontrastierte mit seiner gebräunten Haut. Ihn umgab eine Aura: Schönheit und Freundlichkeit strahlten von ihm aus. Er sagte mir, ich solle den Botschaften, die sie senden, aufmerksam zuhören und dem Lehrer gehorchen, ich solle von ihm lernen, das sei sehr wichtig. Wie all die anderen Wesen, denen ich begegnet war, sprach er eher mit den Augen als mit dem Mund. Im selben Moment, in dem er zu Ende gesprochen hatte, verschwand er. Ich war alleine in einem Lichtstrahl. Meine nächste Erinnerung war, daß ich wieder zu Hause im Bett lag.

„Daß Sie im Bett lagen?" fragte John. „In Ordnung. Wie wurde Ihre Tür entriegelt?"

„Ich entriegelte sie."

„Warum haben Sie die Tür entriegelt? Es muß doch einen Grund für Sie gegeben haben, die Tür zu entriegeln, die Ihnen Sicherheit bot. Warum stehen Sie auf?"

„Es scheint ein Licht durchs Fenster", erwiderte ich. „Ich will ein Foto davon machen. Ich laufe schnell und hole die Kamera aus dem Büro. Ich gehe ins Schlafzimmer zurück und stelle die Alarmanlage aus. Ich laufe die Treppe runter, schließe die Haustür auf und laufe raus. Ich sehe Orange und Weiß über den Bäumen pulsieren. Ich mache Fotos. Zuerst ist es ein oranger Ball, dann ein weißer. Das ist seltsam! Es verändert seine Form! Die Form ist anders. Die Farbe verändert sich."

„Was für eine Form sehen Sie jetzt?" fragte John.

„Wie zwei gegeneinander gerichtete Untertassen. Silber. Ich verstehe nicht, wie es Form und Farbe verändern kann. Das ergibt keinen Sinn. Sie wissen, daß ich Fotos mache. Es ist, als führten sie mir etwas vor."

„Wie hell sind die Lichter?" fragte John nach.

„Das orange Licht und das weiße Licht sind sehr hell. Wenn es sich zu einer metallischen Untertasse verändert, ist es überhaupt nicht hell. Ich kann kaum die Umrisse erkennen. Es hat Blau. Wie Silbermetallic, aber mit einem blauen Schimmer. Und blaue Bullaugen um es herum."

„Was passiert nachdem Sie die Fotos gemacht haben?"

„Ich erinnere mich nicht. Das letzte, an das ich mich erinnere, ist, daß ich Fotos gemacht habe."

„Aber jetzt erinnern Sie sich, wie die Tür entriegelt wurde", bemerkte

John. „Und die sieben Bilder auf Ihrem Film, dessen Ursprung Sie nicht erklären können."

John brachte mich an diesem Punkt aus der Hypnose. Ich behauptete unnachgiebig, ich könne mich nicht bewußt daran erinnern, sieben Fotos von dem Raumschiff gemacht zu haben.

„Hatten Sie nun sieben Bilder auf einem Film, die keiner erklären konnte, oder nicht?" entgegnete John.

„Ja, aber ich ..." Ich führte den Satz nicht zu Ende, weil ich nicht erklären konnte, wie die Bilder dorthin gekommen waren.

Bedauerlicherweise waren die Bilder nichts geworden, als ich den Film entwickeln ließ, und so gab es keinen Beweis für das, was auf diesen sieben Negativen war. Allein der Gedanke, ich könnte Beweise für eine Begegnung mit UFOs haben! Dieser mögliche Verlust brachte mich so auf, daß ich bis zu meiner Hypnosesitzung am nächsten Abend kaum an etwas anderes denken konnte.

Kapitel 19

Als John und Grace zur nächsten Hypnosesitzung zu mir kamen, sagte ich ihnen, daß ich mich während der Hypnose am Vorabend daran erinnert hätte, wie ich aus einem blauen Bullauge schaute und das Meer unter mir sah. Ich hatte diese Erinnerung nicht erwähnt, weil ich mich zur selben Zeit an das erinnerte, was mit meinem Auge geschah und wir dann das erforschten. An diesem Abend bat mich John, nachdem er mich hypnotisiert hatte, mich daran zu erinnern, was ich durch das Bullauge sah.

Ich erinnerte mich an die schöne blaue Farbe des Wassers, als wir langsam darauf zu glitten. Je zwei der vertrauten schwarzäugigen Außerirdischen standen an meiner Seite. Zuerst beobachteten sie mich, dann konzentrierten sie sich auf blinkende Lichter auf einer Tafel an der Wand des Schiffes. Als wir unter die Wasseroberfläche fielen, sah ich Schatten, aber ich konnte nicht feststellen, was die Schattenbilder darstellten. Dann erfüllte Schwärze das Bullauge, und ich konnte nicht mehr hinausschauen.

Als nächstes erinnerte ich mich, daß ich in einer dunklen Garage war, in der etwa ein Dutzend Raumschiffe parkten. Ich konnte verschiedene Typen unterscheiden, aber weil der Raum so dunkel war, war es schwierig, die verschiedenen Formen genau voneinander zu unterscheiden. Ich konnte sehen, daß eines die Form zweier gegeneinander gerichteter Untertassen hatte und Bullaugen um sich herum, ein anderes sah fast rund aus, eine leichte Kuppel am oberen und unteren Ende.

„Wo sind Sie?“ fragte John.

„Irgendwo im Meer.“

„Dann muß es also naß sein“, sagte John.

„Nein“, erwiderte ich. „Es ist hier nicht naß.“

„Wie sieht der Boden aus?“ fragte John.

„Gestampfter Sand.“ Ich machte eine Pause. „Warum zeigen die mir all diese Dinge? Ich verstehe nicht, warum sie mir diese Dinge zeigen. Es sieht aus wie verschiedene Autos auf einem Parkdeck. Wie eine Flotte. Verschiedene Typen für verschiedene Zwecke.“

„Sehen Sie irgendwo Wasser?“ fragte John.

„Nein.“

„Sehen Sie das Schiff, mit dem Sie angekommen sind?“

„Nein. Ich schaue nicht hin.“

„Aber Sie kommen raus, nicht wahr?“

„Ja. Ich komme die Rampe herunter. Vier kleine Kerle folgen mir. Ich weiß nicht, wo die hingehen. An der Wand ist eine Tür. Sie öffnet sich automatisch. Dort ist jemand. Jemand ging zu der Tür rein. Ich erhaschte einen Blick auf einen Mann in grüner Uniform. Jetzt ist sie zu. Ich gehe darauf zu. Ich weiß nicht, wo die Tür hinführt. Sie ist wie aus einer Art schwarzem Metall. Ich bin jetzt kurz vor der Tür.“

„Wenn Sie bei der Tür stehen, was fällt Ihnen noch auf?“ fragte John.

„Die Wände und die Decke sind aus einem seltsamen Material“, erwiderte ich.

„Ist es weich?“

„Ich erinnere mich nicht, es berührt zu haben.“

„Welche Farbe hat es?“

„Es ist leicht rotbraun. Es sieht aus wie Stoff von einem Seeschwamm.“

„Haben Sie das Gefühl, Sie stehen unter der Kontrolle von jemandem?“

„Nein. Es ist, als wollten sie mir das Gefühl geben, ich könne alles erkunden.“

„Das ist doch seltsam, nicht wahr?“ fragte John.

„Nein“, antwortete ich im Brustton der Überzeugung.

„Und was passiert dann?“ fragte John.

„Ich bin mit dem Mann in dem Raum. In dem Raum ist überhaupt nichts. Gar nichts. Es ist wie im Gefängnis.“

„Und wie kommen Sie da raus?“ fragte John.

„Ich gehe einfach zur Tür raus.“

„Die lassen Sie einfach rumlaufen und das alles sehen?“

„Genau.“

Warum?“

„Sie wollen, daß ich weiß, daß der Mann ein Gefangener ist“, erklärte ich. „Ich weiß nicht, warum sie wollen, daß ich das weiß. Ich gehe einfach zu der Tür raus, aber der Mann muß dort bleiben. Ich weiß nicht, warum er Gefangener ist.“

„Und wie kommen Sie da wieder raus?“ fragte John.

„Ich gehe wieder dieselbe Rampe hoch. Als ich wieder ins Schiff komme, setze ich mich auf einen unheimlichen Sitz. Ich sehe überhaupt keine Beine, die ihn stützen.“

John ging zu einem anderen Zwischenfall über. „Erinnern Sie sich an eine Zeit, als Sie träumten, Sie lägen auf einem Tisch, und ein großer Hund käme auf Sie zu.“

Ich konnte mich nicht an einen Hund erinnern; ich konnte mich nur an Leute erinnern. „Ich weiß nicht, wer diese Frau ist", sagte ich. „Ich weiß nicht, was die mit mir machen. Es sieht aus, als sei ich in einem Zimmer im Krankenhaus."

„Warum sieht es wie ein Zimmer in einem Krankenhaus aus?" fragte John.

„Die weiße Uniform", erwiderte ich, als ich mich erinnerte, einen kurzen Blick auf eine Frau erhascht zu haben. „Ja, sie ist Krankenschwester oder Ärztin, ich weiß nicht genau, was von beiden."

„Schauen Sie ihr ins Gesicht und sehen Sie, wie sie aussieht", verlangte John.

„Nein! Sie hat schwarze Streifen auf der Schulter", entdeckte ich, als ich sie mir näher ansah. „Sie sieht aus wie ein weiblicher Seemann."

„Ein weiblicher Seemann", wiederholte John. „Nennt sie irgendjemand beim Namen?"

„Patty (Pseudonym)", erwiderte ich.

„Was macht Patty?" fragte John.

„Sie mißt mir den Puls", erwiderte ich. „Ich weiß nicht, wo das ist. Das verwirrt mich."

„Was macht sie noch?"

„Blutdruck. Sie schaut mir mit einem Licht in die Augen."

„Wie sehen ihre Augen aus?" wollte John wissen.

„Ich erinnere mich nicht, welche Augenfarbe sie hatte."

„Menschlich aussehende Augen?"

„Oh, ja, sie ist ein Mensch. Sie hat kurzes, braunes Haar."

„Was macht sie noch?"

„Sie hat eine Auseinandersetzung mit einem Mann in dem Zimmer. Sie sagt: ‚Sie hätten meinen Namen nicht erwähnen sollen, Marvin (Pseudonym).' Aber ich habe den Eindruck, daß das nicht sein wirklicher Name ist."

„Sehen Sie ihn?" fragte John.

„Ja. Er hat kurzes, braunes Haar." Ich machte eine Pause. „Mir wird jetzt schwindlig."

„Haben die was mit Ihnen gemacht?" fragte John.

„Eine Spritze in meinen rechten Arm. Es tut weh."

„Und dann wird Ihnen schwindlig?"

„Ja."

„Werden Sie bewußtlos?" fragte John.

„Ich weiß es nicht. Ich kann den Mann kaum sehen. Er hat eine khakifarbene Uniform an."

„Was sagt er?"

„Ich erinnere mich nicht."
„Wie kamen Sie in dieses Zimmer?"
„Ich weiß es nicht. Ich weiß nicht, wo ich bin."
„Ist das ein Krankenhaus, das Sie kennen?" fragte John.
„Ich bin mir nicht sicher, ob es ein Zimmer in einem Krankenhaus ist", erklärte ich. „Das denke ich nur als erstes, als ich ihre Uniform sehe. Ich bin mir nicht wirklich sicher, wo ich bin."

An diesem Punkt beendete John die Hypnosesitzung. Ich war höchst aufgebracht, daß ich mich nicht an mehr erinnerte. Ich hatte keine Ahnung, wann, wo und unter welchen Umständen dieser letzte Zwischenfall stattgefunden hatte.

Und wer war der Mann, der Gefangener unter dem Meer zu sein schien? Warum war er da, und wie lange war er schon da? Ich fragte mich, ob er mit der Verschleierung des Außerirdischen-Phänomens durch das Militär zu tun hatte. Ich fragte mich, ob er mitverantwortlich war für meine eigenen Probleme, die ich in der Folge meiner Ermittlungen hatte. Brachten mich die Außerirdischen deshalb dort runter? Um mir zu zeigen, daß sie manchmal diejenigen bestrafen, die ihre Entführten peinigen? Ich hoffte nicht. Ich dachte an die Öde, die Leere der Unterwassereinrichtung. Solche Trostlosigkeit würde ich niemandem wünschen.

Ja, ich war wütend darüber, was die Agenten des Militärs und der Regierung mir angetan hatten. Sehr wütend. Aber ich hegte keine Feindschaft gegenüber dem Militär oder der Regierung im allgemeinen; meine Verachtung galt der Elite innerhalb dieser Organisationen, die verantwortlich waren für die Unterdrückung der Wahrheit über das Außerirdischen-Phänomen und die damit zusammenhängenden Probleme.

Um meinerm Ärger Luft zu machen, hatte ich einen abschätzigen Begriff eingeführt, mit dem ich diese Gruppe bezeichnete: *OMAGS*, für „widerliche Militär- und Regierungs-Schurken" (Eine Kurzform von „obnoxious military and government scoundrels"). Aber ich dachte nicht an Rache. Ich wollte nur, daß sie sich nicht mehr in mein Leben einmischten, daß sie die Öffentlichkeit darüber informierten, was sie über das Außerirdischen-Phänomen wußten.

Vielleicht hatte ich die Situation in der Unterwassereinrichtung falsch gedeutet, und der Mann in Uniform war gar kein Gefangener. Aber warum war er dann da unten? Mir dämmerte etwas anderes. Ich war mit dem Mann eine Weile allein in dem Raum. Mit Sicherheit mußte eine Unterhaltung stattgefunden haben. Was sagten wir einander? Und warum konnte ich mich daran nicht erinnern?

Ich wünschte, John könnte mich in einer weiteren Sitzung wieder in diesen Raum bringen, um zu sehen, ob tatsächlich eine Unterhaltung stattgefunden hatte. Aber morgen würde ich nach Hause fahren, und ich wußte nicht, wann ich wieder die Gelegenheit haben würde, mich einer in die Vergangenheit zurückgehenden Hypnose zu unterziehen.

Epilog

Meine verschiedenen Erlebnisse in den achtzehn Monaten zwischen dem 8. Juli 1990 und dem 7. Januar 1992 haben zu Umwälzungen in meinem Leben geführt. Die Erinnerungen, die zuvor in den geheimen Kammern meines Verstandes verschlossen waren, zwangen mich, manchmal unter Stolpern und Schreien, meine Vorstellung von der Wirklichkeit zu erweitern und Möglichkeiten für eine noch weitere Öffnung zu schaffen.

Obwohl viele Träume und Geistesblitze unerforscht blieben, habe ich mich doch bis jetzt keinen weiteren regressiven Hypnosesitzungen unterzogen. Ich werde das wahrscheinlich wieder einmal tun, aber ich habe mich vorerst darauf konzentriert, das zu verarbeiten, was ich bis jetzt aufgedeckt habe. Das war nicht einfach.

Die Analyse des Objektes, das im September 1991 aus meinem Zahnfleisch kam, wurde im Mai 1992 abgeschlossen. Mit einem Scanner-Elektronenmikroskop wurden Fotos davon gemacht. Es wurde auch eine Spektroskopie der Energiestreuung gemacht. Die Daten ließen darauf schließen, daß das Material aus etwa achzig Prozent Kupfer und zwanzig Prozent Zink bestand, mit kleinen Spuren von Aluminium und Silikon. Das Objekt wog etwa sechs Milligramm. Es hatte eine Fläche von etwa 0,16 Quadratzentimeter und war 0,03 Zentimeter dick. Es reagierte nicht auf ein Magnetfeld und zeigte keine Radioaktivität. Im wesentlichen zeigte die Analyse, daß das Objekt aus gewöhnlichem Messing bestand.

Eine spätere Durchsicht meiner Hotelrechnungen ließ vermuten, daß der Zwischenfall, bei dem zwei bewaffnete Männer mich in mein Hotelzimmer zurückbrachten, wahrscheinlich im August 1988 stattgefunden hatte.

Ich habe von Captain Pugh nie mehr etwas gehört, seit er am 6. Mai 1991 vor meinem Klassenzimmer erschienen war. Es überraschte mich nicht, daß niemals wieder jemand eine Einladung aussprach, ich solle ein Space Shuttle besichtigen. Weil ich mich strikt weigerte, weiter Klassen auf dem Luftwaffenstützpunkt zu unterrichten, wurde ich nach dem Sommersemester 1992 entlassen.

Die finanziellen Bedenken meines Mannes am Beginn meiner Ermittlungen waren gerechtfertigt. Die Reisen nach Springfield zu den Hypnosesitzungen, Telefonanrufe und Briefe an Forscher und andere Entführte kosteten Tausende von Dollars allein im ersten Jahr. Ich spreche nicht gerne über meine Finanzen, aber als Buchprüferin empfinde ich doch eine gewisse Verantwortung, Entführte, die daran denken, sich zum ersten Mal einer Hypnose zu unterziehen, zu ermahnen, auch die finanziellen Aspekte ihrer Suche zu bedenken, nicht nur die emotionellen.

Eine der positiven Folgen meiner Kontakte zu Außerirdischen ist, daß ich nicht länger zulasse, daß Angst, Wut und Sorgen mein Leben kontrollieren. Manchmal wirft mich meine menschliche Begrenztheit zurück, aber ich weiß, daß, solange ich mich auf Gott ausrichte, alles am Ende gut gehen wird. Die Eierstocksonden der Außerirdischen und die Folter der OMAGS können schlimmstenfalls meinen Körper zerstören. Aber ich habe gelernt, daß mein Körper nur ein Behältnis meiner Seele ist, und die können sie nicht zerstören.

Eine weitere positive Folge ist, daß ich versuche, den verschiedenen Auffassungen der Leute toleranter gegenüberzustehen und eine Idee nicht einfach als verrückt oder lächerlich zu verwerfen. Viele Leute haben mir Herz und Geist geöffnet und versucht, die Realität meiner Erlebnisse zu akzeptieren; ich muß lernen, dasselbe anderen gegenüber zu tun.

Die Entführungen durch die Außerirdischen, die Visionen und die Belästigungen durch Agenten des Militärs und der Regierung gehen weiter. Ich habe gelernt, die Entführungen durch die Außerirdischen zu akzeptieren, und ich habe keine Angst davor. Was mich am meisten an den Außerirdischen stört, ist, daß sie mir allzu oft nicht erlauben, mich bewußt an die Begegnung zu erinnern. Mir wurde jedoch eine Erklärung dafür gegeben. Eines Abends, als ich ausdrücklich gegen die Blockade meines Erinnerungsvermögens protestierte, wurde mir gesagt: „Du wirst zu eng von unseren Gegnern überwacht. Deine Erinnerungen wären unserer Mission abträglich."

Daß mir gesagt wurde, daß eine Gruppe meiner Entführer Gegner habe, brachte mich zu der Annahme, daß im Universum ein großer Konflikt herrscht. Vielleicht habe ich ja auch nicht recht, aber auf der Grundlage meiner Erfahrungen glaube ich, daß dieser Konflikt zwischen Gut und Böse tobt im Kampf um unsere Seelen. Ich kam auch zu der Überzeugung, daß sowohl Gut als auch Böse auf jeder Ebene vertreten sind: unter den Außerirdischen, unter den Menschen, in unserer Regierung und im Militär.

In dem Glauben, daß es in unserer Regierung und im Militär auch ein paar gute Leute verborgen gibt, hege ich noch immer die Hoffnung (oder ist es nur Phantasie?), daß eines Tages einer dieser Leute auf mich zukommt und mir freiwillig Informationen gibt, die mir ein besseres Verständnis der Wahrheit ermöglichen. Denn es ist die Wahrheit, die ich finden will und die ich immer weiter suchen werde.

Anmerkungen

[1] Viele Namen in diesem Buch wurden geändert, um die Privatsphäre der Personen zu schützen. Pseudonyme werden in Klammern als solche deutlich gemacht, wo sie das erste Mal verwendet werden.

[2] Zum Schutz verschiedener Leute und Organisationen ist der Name dieser Stadt fiktiv, genau wie der der Universität und des Militärstützpunktes, die sich dort befinden. Alle Ereignisse, die in dieser Stadt stattgefunden haben, sind jedoch echt. Die Namen aller anderen Orte in diesem Buch sind echt.

[3] Budd Hopkins: *Eindringlinge – Die unheimlichen Begegnungen in den Copley Woods* (Hamburg: Kellner Verlag 1991).

[4] Mehrere UFO-Forscher meinten, daß vielleicht Mike, Seth und Mutter in gewisser Weise auf meine plötzliche Verwicklung in das UFO-Phänomen vorbereitet wurden.

[5] *UFO Abduction Experiences – An Information Kit*
(New York; Intruders Foundation, 1987)

[6] Budd Hopkins: *UFO Abductions – The Physical Dimension*,
The Bulletin of the Intruders Foundation 1, No. 1 (Fall 1989), 6.

[7] An meinen Sitzungen nahmen das eine oder andere Mal vier Assistentinnen teil: Ann Bayliff, Susan Bedell, Lisa Dusenberry und Carla Vincel. Da ich bei der Niederschrift der Tonbänder meiner Sitzungen manchmal die einzelnen Stimmen nicht voneinander unterscheiden konnte, verwendete ich im Text den Namen „Grace" für alle vier.

[8] Ich kürzte Aufzeichnungen von Hypnosesitzungen, Gesprächen und Briefen, um unnötige Wiederholungen und unwichtige Dinge zu vermeiden. An manchen Stellen fügte ich ein paar Worte hinzu oder veränderte Sätze etwas, um sie dem Leser verständlicher zu machen. In jedem Fall aber wurde das Wesentliche der Gedanken, Ideen und Worte erhalten, damit die Wahrheit gewahrt blieb. Alle meine Hypnosesitzungen wurden auf Band aufgezeichnet; ich schrieb die entsprechenden Bänder nach jeder Reise nach Springfield zu Hause ab.